住所與本居地，以及簡歷與外勤事務等記載

九月二日 土 晴
甘蔗共同耕作園管理
指導ノ為九甲園ヘ外勤
午后六時ヨリ小雨
九月三日 日 晴
奉仕作業ノ為メ石螺
潭ヘ外勤 午后三時空
襲警報 午后六時小雨
九月四日 月 晴
甘蔗調印式会ノ為阿
蓮庄下ヘ外勤
自轉車修理代三、〇〇
九月五日 火 晴
棉作肥培管理ノ
為メ阿蓮庄下ヘ外勤
大部分培土済
九月六日 水 晴
農作物一齊調査打合
ノ為岡山ヘ外勤 午前十二
時空襲警報
九月七日 木 晴
農作物一齊調査ノ為メ
岡山ヘ外勤
九月八日 金 晴
仝件岡山街前峯ヘ
外勤
九月九日 土 晴
仝件岡山街前峯ヘ外
勤
九月十日 日 晴
仝件岡山街下ヘ外勤
郭万居来宅

作業指導與外勤狀況等記載（1944.9.2-9.10）

尋找蕭水妹

蕭伊伶 著

總序

開啟高雄文史工作的另一新頁

文化是人類求生存過程中所創造發明的一切積累，歷史則是這段過程的記載。每個地方所處的環境及其面對的問題皆不相同，也必然會形成各自不同的文化與歷史，因此文史工作強調地方性，這是它與國史、世界史的差異所在。

高雄市早期在文獻會的主導下，有部分學者與民間專家投入地方文史的調查研究，也累積不少成果。唯較可惜的是，這項文史工作並非有計畫的推動，以致缺乏連貫性與全面性；調查研究成果也未有系統地集結出版，以致難以保存、推廣與再深化。

二〇一〇年高雄縣市合併後，各個行政區的地理、族群、產業、信仰、風俗等差異更大，全面性的文史工作有必要盡速展開，也因此高雄市政府文化局與歷史博物館策劃「高雄文史采風」叢書，希望結合更多的學者專家與文史工作者，有計畫地依主題與地區進行調查研究與書寫出版，以使高雄的文史工作更具成效。

「高雄文史采風」叢書不是地方志書的撰寫，也不等同於地方史的研究，它具有以下幾個特徵：

其一、文史采風不在書寫上層政治的「大歷史」，而在關注下層社會的「小歷史」，無論是一個小村落、小地景、小行業、小人物的故事，或是常民生活的風俗習慣、信仰儀式、休閒娛樂等小傳統文化，只要具有傳統性、地方性與文化性，能夠感動人心，都是書寫的範圍。

其二、文史采風不是少數學者的工作，只要對地方文史充滿熱情與使命感，願意用心學習與實際調查，都可以投身其中。尤其文史工作具有地方性，在地人士最瞭解其風土民情與逸聞掌故，也最適合從事當地的文史采風，這是外來學者所難以取代的。

其三、文史采風不等同於學術研究，書寫方式也與一般論文不同，它不需要引經據典，追求「字字有來歷」；而是著重到田野現場進行實際的觀察、採訪與體驗，再將所見所聞詳實而完整的記錄下來。

如今，這套叢書再添《尋找蕭水妹》乙冊，為高雄的文史工作開啟另一新頁。期待後續有更多有志者加入我們的行列，讓這項文史工作能穩健而長遠的走下去。

「高雄文史采風」叢書總編輯

謝貴文

市長序

尋找城市前進的動力

高雄是個充滿熱情、創意、活力的現代都會，也是個具有深厚歷史底蘊的文化城市。

在漢人尚未移民到這塊土地時，高雄地區即有馬卡道族人活動的蹤跡，留下諸如「小溪貝塚」等重要遺址。荷據末期，荷軍遭鄭氏部隊擊退後，曾在打狗南岸海汕地區集結，而留有「紅毛港」的地名。明鄭時期，鄭氏部隊插竹為社，斬茅為屋，前鎮、後勁、左營、右衝（昌）等地為其軍事屯墾區。

清領時期，清廷在左營興築舊城，為臺灣第一座土城，亦為第一座石城，與鳳山新城合譜「雙城記」。清末打狗開港，郭德剛、史溫侯、馬雅各、萬巴德等人引進西方的宗教、醫學與科學，高雄成為臺灣與世界接軌的窗口。

日治時期，隨著高雄港築港工程、縱貫鐵路的通車，臺灣煉瓦會社打狗工場、淺野水泥株式會社等在此設廠，高雄一躍而為全臺的工業重鎮，臨港的哈瑪星也成為現代化城市的起點。

戰後時期，鋼鐵、造船、石化等重工業在高雄蓬勃發展，加工出口區的設立，吸引大量的就業人口，高雄成為外地移民的新故鄉；而生猛有力、勇於挑戰的城市性格，也造就其「民主聖地」的稱號。

二〇一〇年縣市合併後，高雄成為全臺土地最大，人口居次的都會，三十八個行政區各有特色，有閩南、客家、外省、原住民等族群；佛教、基督教、天主教、一貫道等宗教聖地；工、商、農、漁等產業；山、海、河、港等景觀，使城市更具有多元的魅力。

歷史不能遺忘，文化必須保存，城市才能進步向前。這些先民所走過的歷史足跡、求生存過程中形成的風俗習慣、人與土地互動所積澱的文化資產，都是城市前進的動力；唯有更積極去發掘、書寫、推廣各地的文史，方能找出多元豐美的地方特色，指引城市發展的方向。

高雄市政府文化局與市立歷史博物館所策劃的「高雄文史采風」叢書，已陸續出版許多精彩主題的專書，為城市的文史建構作出貢獻。此次，又有《尋找蕭水妹》一書面世，此書作者透過家族所遺落的一本七十餘年前手札中的諸多紀事，進而延伸出一個客家族裔的尋根與踏查，見證了臺灣的命運與大時代悲劇的流轉故事。本人非常高興高雄市的人文風情又多一份紀錄被保存，在此除感謝作者與有關同仁的辛勞外，也期待有更多文史同好、學者或專家投入文史采風的工作，為高雄找到前進的動力。

高雄市長 陳菊

局長序

奠定文化建設的基石

從常民生活出發，保存及活化文化資產，為城市留下動人的歷史記憶，是本局推動文化建設的重要理念。而歷史記憶需要被傳承，無論是透過集體記憶、口述傳統，還是文字書寫，歷史應當被視為一種文本（text）或言說（discourse），經由開放式的詮釋與對話，不斷創造出社群的傳統，並賦予作為社群一份子的個人生命的底蘊與意義。

作為一個城市歷史保存、書寫的官方機構，高雄市立歷史博物館在過去數年陸續推動史料集成系列叢刊的復刻與新編，為後續的歷史研究打下紮實基礎。此外，史博館也同時推動由民間參與歷史書寫的工程，以徵文的方式獎勵有志於紀錄一人、一家、一區、或是一市的點滴過往或是常民記憶，彙集出版成「高雄文史采風」系列叢書，目前已有《羅漢門迎佛祖》、《高雄林園鳳芸宮媽祖海巡》、《藝之鑿鑿—木雕國寶葉經義》、《內門鴨母王朱一貴》、《紙天化地》、《土地・生活詩篇——大岡山常民影像暨劉國明攝影集》、《羅漢門演藝》、《圖說旗山紀事》、《複島》、《太子爺興外境》等精彩作品。此次再添新作《尋找蕭水妹》，是歷史學者研究本身家族一本七十餘年前遺落下的輕薄手札，數個名字疊合出一個血緣的繫絆。書中人物的生命史蜿蜒跌宕，跨越日治時期五十年農業發展史，見證了日本殖民下糖業帶來的現代性，以及總督府農事試驗場的現代農業教育，且背負了皇民身分的原罪，歷經岡山大轟炸與二二八事件。這也是台灣命運與大時代悲劇流轉不息的故事，更是一個客家族裔的尋根與踏查的救贖，值得有興趣的讀者細細捧讀。

謹代表高雄市政府文化局，願每位關心土地、熱愛高雄的朋友都能撥冗一覽本書。我們也期許未來「高雄文史采風」叢書將會結合更多的學者專家，能人志士，有計畫地撰寫與出版文史專書，讓文化建設有源源不絕的養分，在高雄的土地上扎根茁壯。

高雄市政府文化局局長

推薦序

苦澀的甜蜜追憶

在成大史研所「台灣美術史研究專題」的課堂上，我首遇蕭伊伶，一個安靜、內斂，始終帶著淺淺微笑的靦腆女孩。

在學期報告的專題研究中，她提出了關於日治時期台灣糖業的小論，引起我的注意，因為在這樣的主題背後，她似乎有著一份深遠的情牽與負擔，而不是一般課堂應付的報告而已。後來我才逐漸知悉，原來那是對家族歷史的一種追尋與連繫。

現在，這本重建家族歷史的小書，就以《尋找蕭水妹》為名，攤開在我們的面前，透過伊伶優美卻帶著某些傷懷的文筆，帶領我們回到南台灣那個台鋁宿舍的小小陽台，在滿天星斗的籠罩下，隨著祖父的追憶，再往前回到曾祖父蕭水妹那個充滿傳奇一生的時代……。

我的父親，也是日治時期的公務人員，因此，閱讀蕭水妹的生命歷程，有著一份特別的親切感。台灣人的宿命，在那樣的世代，沒有人能預知：有一天，那個政權會結束；平凡的台灣人，只能認真地在那個體制中，追求上進，也貢獻鄉里。從一本老舊的「手記簿」，蕭伊伶讓曾祖蕭水妹的生命重新復活，也復現了那個屬於「甘蔗」的甜蜜年代。那不只是蕭伊伶家族記憶的重建，也是你我歷史的共同凝視與凝聚。

政治人物曾經說：「你我沒有共同的過去，但是我們可以追求共同的未來！」然而做為一個文化工作者，我們卻要說：「你我沒有共同的過去，但是我們應該努力建構共同的記憶！」這些記憶，包括台灣人日治時代的經驗，也包括大陸朋友抗戰、內戰的苦痛；有了共同的記憶，我們才可能成為一家人，進而摶成為一個國。

蕭伊伶的父祖追憶，是台灣甜蜜（糖）歷史的追憶，帶著苦澀、也帶著濃情，卻正是台灣當下最迫切、重要的課題。

本書出版之際，正逢伊伶父親辭世，本書應也是伊伶敬獻給父祖、家族的一份紀念與獻禮，足堪告慰。

國立成功大學歷史系所美術史教授
蕭瓊瑞

推薦序二

考現學與歷史重演

在很偶然的機會下，蕭伊伶分享了曾祖父蕭水妹的「昭和日記」，看著那些日記的影像，對於像我這樣一個哲學背景、在藝術大學教授藝術理論的教員來說，我知道我並不能實質上幫什麼忙。恰巧在這時，蕭壠文化園區的黃瓊瑩科長向我提到，需要人力來數位化一批從臺糖手上搶救回來的檔案，並且進行研究。就這樣，我推薦了蕭伊伶接應了這個數位化與研究的位置，蕭水妹的「昭和日記」也順勢得以「重演」——重新演繹，檔案迴返到其他相關檔案的世界，一段現代糖業從業員的歷史才有「重演」（re-enactment）的可能。這可以說是《尋找蕭水妹》成書過程中，一個有趣的歷史「重演」機緣。

另一個值得注意的「重演」機緣，其實是作者的身分，她目前正是國立臺南藝術大學藝術創作理論研究所的博士生，對於一般的作者而言，這可能只是家譜的溯源之舉，但是對於蕭伊伶的南藝大博士生身分而言，這個書寫行動意味著策展、展覽、視覺化與場域化的行動的一部分，也就是說，《尋找蕭水妹》在書寫的過程中，其實已經開始其重演的運動。例如：在2016年底，由賴依欣、我和陳宣誠共同策畫的「總爺429番地——可見與不可見的糖業地景」實驗性展覽中，蕭伊伶已經負責了「糖業歷史晶體計畫——歷史檔案資料考掘和研究」這個部分的考現學工作，並提供檔案再書寫的依據，不僅讓糖業歷史有更具體的結晶焦點，也讓個體家譜的追尋，獲得現代與殖民史中更結構化的線索。因此，《尋找蕭水妹》已反覆藉由當代藝術的展覽，進行考現學的「重演」。

最後，回到蕭伊伶曾祖父四度命名的個人史，指向的是在臺灣發生的現代史結構，這個特殊的現代史結構所造成的特殊精神構造叢結，吳叡人在《受困的思想：臺灣重返世界》中已有精闢闡述，但是，對於這一段不堪的歷史風暴的投身「尋找」，似乎正是某種如目蓮救母般的拯救歷史行動，不論是客家人的命運、臺灣的糖業史、殖民或白色恐怖經驗，在舊鐵馬的鈴鐺聲中「重演」它們的來龍去脈，並不是為了像班雅明所說的要「重新體驗」它們的物質性，而是要透過這些考現學的物質性考掘，重新獲得一種「經驗闡述」的肉身性，讓讀者在未來的歷史機緣中，得以具有真實的創造性意志，不再落入悲劇性的歷史「重演」。

國立台南藝術大學藝術創作理論研究所副教授兼所長

龔卓軍

自序

寫作家族史，面對家族相簿中那些逝去的身影，是我二十餘年未竟的工作。由於高雄歷史博物館對日治時期大高雄文史的重視，方得以讓我順利完成《尋找蕭水妹》這一本近似檔案考掘的家族史，特在此感謝高雄歷史博物館楊仙妃館長與相關工作人員。

人生有幸，擁有極度疼愛我的祖父蕭啟堂（古山泰平）、祖母蕭陳換（古山清子），他們成為我生命中的說書人，為我口述譜寫台灣近代史綱，化為我生命底蘊。寫作過程中，感謝台南藝術大學龔卓軍教授的提點，讓我接觸到〈蔴豆總爺糖廠資料〉等糖業檔案，深入理解台灣糖業發展史，解答了手記簿中現代化製糖工場相關記載與家族遷徙背後的意義。父喪期間，也蒙成功大學歷史系蕭瓊瑞教授的協助與鼓勵，蕭老師長期著力於台灣美術史的考掘與寫作，指引著我學術道路。

此外，《尋找蕭水妹》龐雜的史料堆疊與出版，必須感謝晨星出版社編輯胡文青先生的策劃與耐心校正。還有長時間以來縱容我追求夢想、背後支持著我的家人，我的母親與弟弟、妹妹，遺憾的是《尋找蕭水妹》出版期間遭逢父喪，未能讓父親看見這些文字與發現。蕭水妹手記簿裡記載出生的長孫蕭君佐（在），那一個襁褓中躲過二二八機槍掃射的嬰兒，也從此消失在人世間。

蕭伊伶

二〇一七年十一月十四日
於台南

目次

—僅以這本書獻給我最敬愛的祖父蕭啟堂，一個無名者的追尋—

楔子。

即使我們對「說故事的人」（la narrateur）這個名詞頗為熟悉，但他在我們心目中的形象，卻遠遠不是完全展現在一個活生生的行動中。他已經頗為遙遠，而且只會漸行漸遠。

——班雅明《說故事的人》

如何將記憶的褶曲攤開？如何撫平那百年的寂寥與憂愁？一日，在書桌底下找到布滿灰塵的集錢簿，平整的幾張紙幣是祖父偷偷給我的紀念，民國五十年的一圓紙鈔，上面是國父孫中山的頭像。還記得小時候全家十口人擠在小小的十餘坪臺鋁宿舍裡，每個夜晚祖父都會在陽臺閒坐，在當時沒有光害的滿天星斗下，或者乘涼或者抽著他最愛的長壽菸。不知道是不是嘆息，還是湮洇縹緲的憂鬱，那些自祖父唇裡吐出的煙霧，是一個個鄉土野史、民間傳說，還有曾祖父充滿傳奇的故事陪伴著我的童年。儘管迷茫睡意，我卻總意猶未盡的央求他再多說一些，「好鼻師」怎麼疊著麻糬爬上雲端變成了螞蟻，「霧社事件」跟「二二八事件」的慘烈則成為我臺灣意識的啟蒙。滄桑與歲月侵蝕了祖父高大的身材與俊美的臉龐，從他因白內障而日漸空洞的深邃眼裡，投擲在遠方的目光彷彿在遙想著他的父親，我的曾祖父蕭水妹是一個聰穎、喜愛閱讀、好客善飲，更是那個遇見原住民出草獵首割人頭、在山林中獨行用煙霧趕走鬼魅「魔神仔」（閩南語白話字：mô-sîn-á）的英雄。

眺望著眼前一片青綠稻浪，總不免陷入記憶的迴返，已經不知道是第幾次坐著區間車往返臺南跟高雄，數著中途經過的停靠站，左營、楠梓、橋頭、岡山、路竹……。岡山這個熟悉的地名，除了在我

祖父年輕時的英姿（後排右一）

的生命中扮演過舉足輕重的位置，也是曾祖父手記的主要場景。還記得幼年時的我，被祖父的大手緊緊牽著，坐著平快車從高雄來到岡山小鎮探訪親人，祖父指著穿著岡山高中黃綠色制服的學生對我說：「以後，妳長大來這裡讀冊好不好？」當時懵懂無知的五歲小女孩一口答應了祖父的期盼，卻不知道這背後所隱藏的深刻意義，更為長達幾十年的懸念埋下伏筆。

「雨夜花，雨夜花，受風雨吹落地，無人看見，每日怨嗟，花謝落土不再回。花落土，花落土，有誰人倘看顧……」，翻閱著泛黃書頁，耳邊是日治時期作曲家鄧雨賢的〈雨夜花〉，手記裡的每一字每一句，彷彿回到一九四五年（昭和二十年），透南風的午後，一個老人騎著腳踏車瘦弱的背影在我眼前重現；而那個時代的農業活動，蓖麻、甘蔗、稻米等作物耕作，在他簡短的文字與僅存的珍貴影像下，讓人感受到南國的燠熱暑氣，空氣中瀰漫的是下雨過後的泥土混雜著青草的氣味。

住所　高雄州岡山郡岡山街二一九

後紅四六六

本居地　臺中州能高郡埔里街挑米坑二三四

勤務地

岡山郡勸業課農務　古山朝正　蕭朝正

大正十三年五月十六日任技手補

昭和三年六月三十日任農會技手

昭和十年七月三十日任州技手

昭和十六年三月三十一日附氏名變更許可

十六年四月十日戶籍訂正手續終了

三四年九月十六日氏名復舊

昭和二十年四月三十日依願退職

甘蔗原料各管

岡山、橋子頭、鳳山厝、梓官、本洲、土庫、

阿蓮、崙仔頂、路竹、一甲、大湖

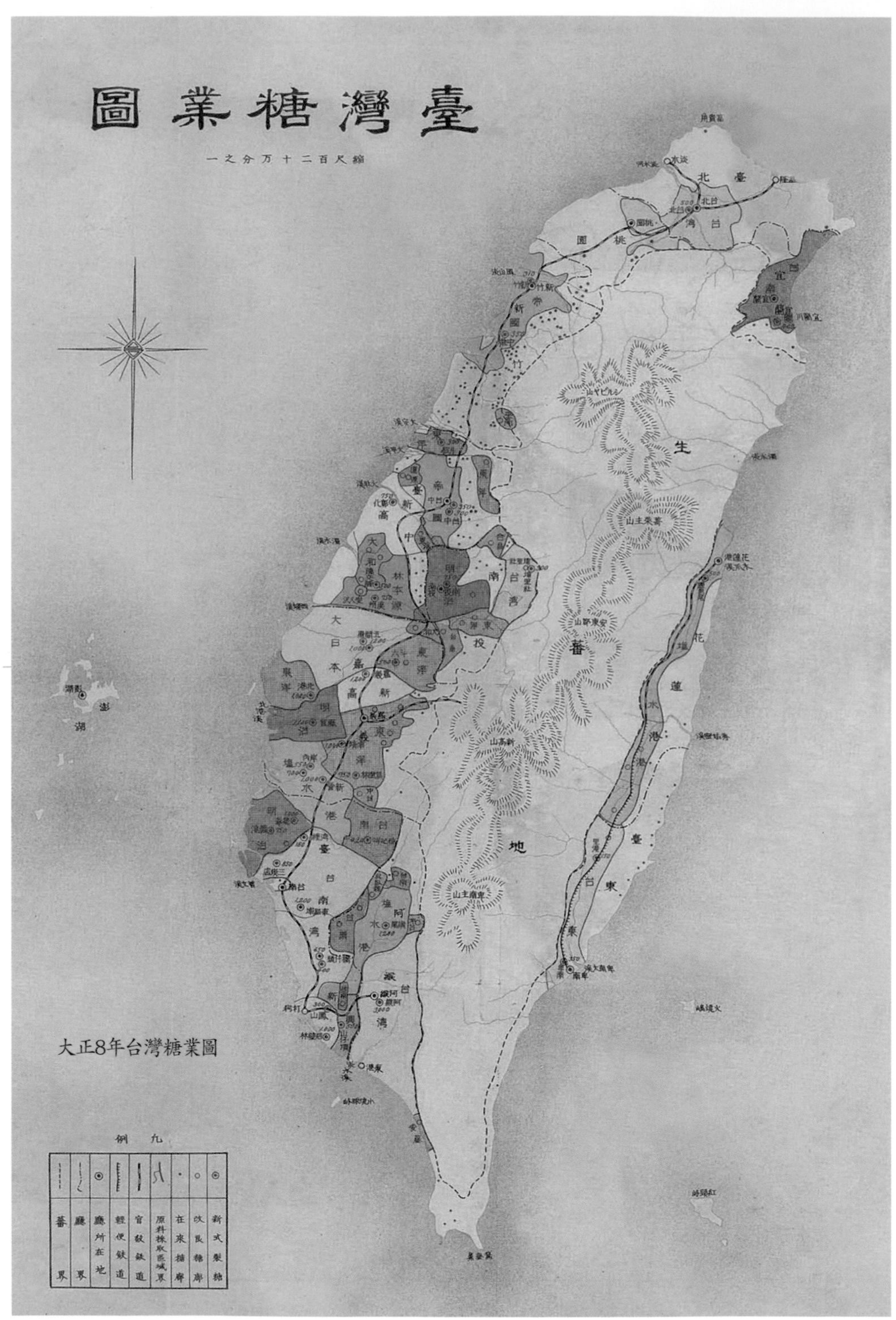
臺灣糖業圖
縮尺百二十万分之一
凡例
新式製糖
改良糖廍
在來糖廍
原料採取區域界
官設鉄道
輕便鉄道
廳所在地
廳界
蕃界
生蕃地
大正8年台灣糖業圖

布滿歷史痕跡的手記簿

泛黑幾近脫落的手記簿

年輕時穿和服的祖母

這本從祖母手中得到，書皮脫落幾近解體小手記本，8 × 12.5 cm 見方，密密麻麻是日常生活記事，加上了數張年代不同的照片，疊印出一個人的過往，那就是我的曾祖父——蕭水妹（一八八五—一九四七）。這本我稱為「昭和日記」的小本子，記錄著他在岡山農會時騎著腳踏車巡邏各地，出勤所發生的重要事件，筆記裡也記錄了美軍轟炸時他的憂鬱。那是逝者七十年前的生活點滴，那些被家人視為珍寶的，外殼斑駁的懷錶、繡著名字的大衣，還有他使用的舊式黑色粗直鋼筆，再加上複印的族譜、筆記，在我眼前架構出一個人的靈魂與骨肉，並且不斷填補、拼湊出了日常各種小細節。在日治後期的家族照片裡，我看著曾祖父穿著日本文官制服，身旁圍繞著他的子嗣，還有族譜上以相當的漢學基礎所寫下的清秀毛筆字；親人所口述的、無數個關於他模糊輪廓的生平記事，這樣的一個瘦弱的影像，反覆出現在我的腦海中。

「祖譜」作為「文本」永遠是家族史寫作的第一個具體線索，在宣紙謄寫的祖譜第一頁上，我的曾祖父蕭水妹在他二十二歲那一年用清秀書法寫下了：

諭曰家之有譜，猶國之有史也，非徒以美觀德，概欲述祖德，裕孫猶之，曰教孝敬親也，禮大傳云，人道親親也，親親故尊祖，尊祖故敬宗，敬宗故宗族，宗族故宗廟，嚴夫子曰，人性雖繁，始由一自五帝，皆顓頊之後，天下半黃炎之系，綿綿瓜以溯厥，初生民寧有二哉，昔時曾祖諱子青公，手冊以告曰，此祖譜，是曾祖諱士奇公著作，欲傳後輩，爾後輩者，無得忘本，應永遠盛喧，方不負昔祖之芳謚，歷代傳揚，至無遺漏祖先之澤德，望晚輩者，勿以塵汙，須珍重保藏，若無拋擲，則不愧成後輩之盛族矣，謹此以諭，須至尊諭者幸甚，宗枝綿遠，子孫昌盛。

明治四拾年（一九〇七年）仲春上旬抄

大正三年（一九一四年）四月二十一日覆寫

第十八世　水妹謹書

族譜中端正的字跡，這個年輕人未曾料想到三年之後會遭遇家中變故，地震天災奪去妻兒生命。而大時代與命運，讓他在花甲之年再次經歷白髮人送黑髮人的悲劇，並且讓他辛苦積累的身家財產毀於一旦。

除了反覆和今年九十三歲的年邁祖母蕭陳換女士進行記憶的對談外，這十餘年間，我也曾經徘徊於各大書店、圖書館查閱臺灣史類叢書，然而在二十年前，尚未數位化的年代，各種關於一九四五年（昭和二十年）前或年代更早的詳細資料，只能在成功大學圖書館，灰塵薄覆的《臺灣總督府報》所留下的文獻記載，從中尋找曾祖父可能會留下的身影。印象深刻的是，其中一本三十二開大小、泛黃頁面、以日文書寫，由「臺灣總督府官房調查課」於一九三五年（昭和十年）八月十五日發行著作《施政四十年の臺灣》，對於當時臺灣人民的生活、交通、通訊、農作及教育體制都有著詳細記載。因此，整個寫作資料蒐集的過程相當困難，我從未想到曾祖父使用了四個名字，短短幾千字的家族史寫作，斷斷續續歷經了近二十年。

記憶的潮水繼續，書寫成為挑戰生命幽微處最艱難的工作。

我沒有辦法詳述他的行旅，那些他走過的田埂，雙手撫過的稻穗或者蔗葉。我沒有辦法描繪他的聲音或者姿態，那些他壓抑的、憤怒的甚至是悲泣；我沒有辦法重現他所聞到的氣味，那些泥土的、牲

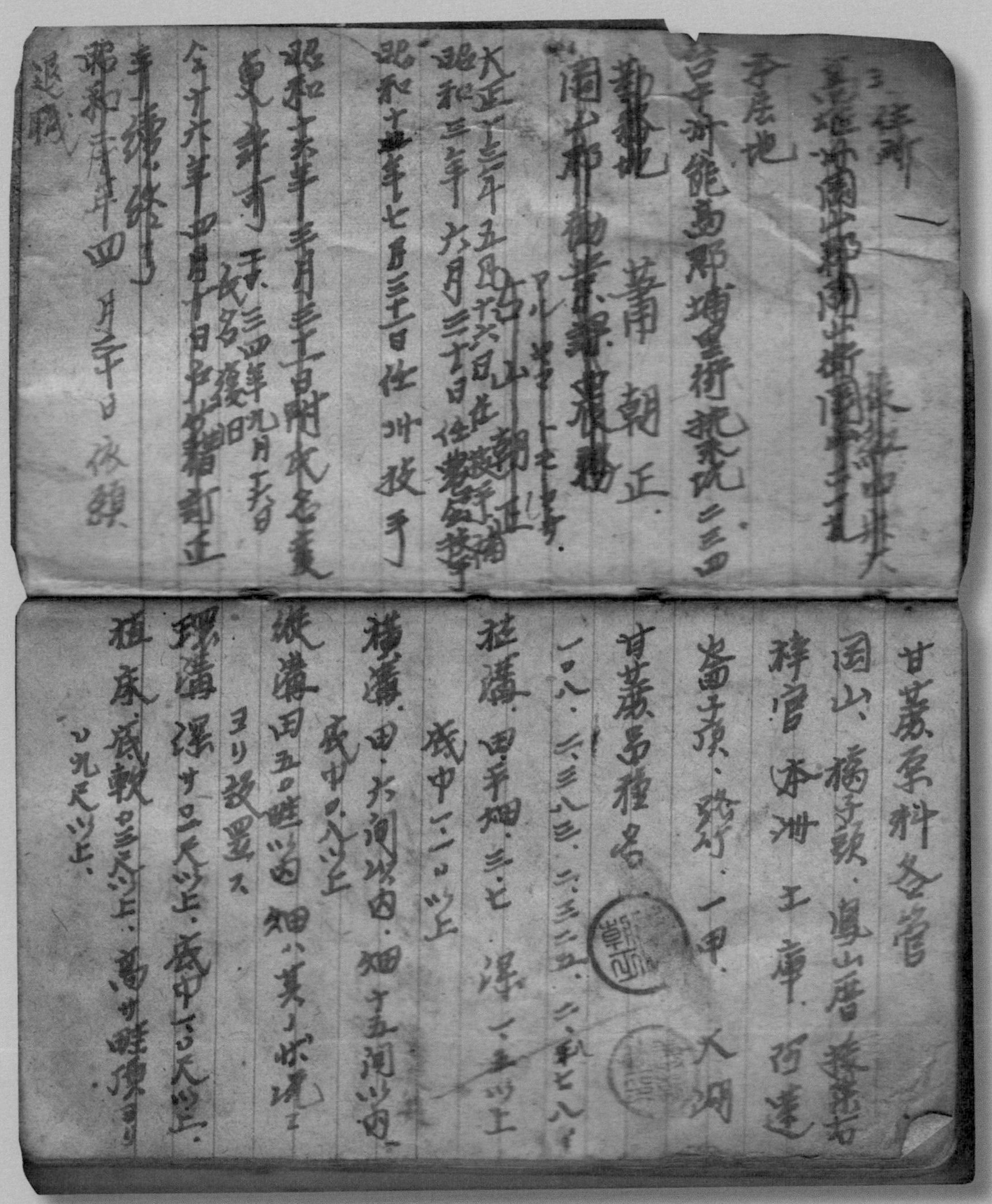

曾祖父走過的路，七十年後成為追尋之路

畜的、城市的。在曾祖父筆記裡的火車時刻表，與許是冒著煙、發著巨響前進的蒸氣火車，我看見他在臺灣地圖上的不斷移動、遷居，卻無法細數他的行囊。回想當初我回過頭去追溯生命根源的緣由，極大的原因是當年「九二一」集集大地震的發生，以及祖父過逝所引發的傷懷，祖父一直對於曾祖父懷著敬畏，也對於故鄉的所在——南投縣挑米坑，有著極特殊情感，而我只能不斷面對翻騰於內心的沉重牽掛與傷痛，一種模糊又逼視於眼前的鄉愁。「尋找蕭水妹」已然成為我悠長生命之旅的意義與印記，由於家族史的寫作，執筆書寫曾祖父在農事試驗場的學習生活，農事試驗場在臺灣現代化農會組織與農業發展進程扮演重要角色，是農業專門學校未成立前，臺灣現代化農業教育的開端，查閱了當時相關的文獻資料，才因此踏入對臺灣糖業文化的關注，跟隨曾祖父走過臺灣島嶼南北的足跡，了解臺灣近現代史與糖業發展的前塵往事。

透過對家族共同記憶的凝視，正視祖父在我童年中扮演的「說書人」角色，進而發掘與歷史課本上截然不同的，甚至是錯亂的族群歷史、遙遠的彼岸歷史與地理，以及被禁止使用的母語。那是保密防諜、人人有責的年代，記憶裡，黑白電視機上是蔣中正的出殯隊伍，全國守喪。透過祖父口述的臺灣史與民間傳奇，以及他口中反覆形塑、敬畏以及崇拜的曾祖父蕭水妹，淡淡憂傷與懷舊氛圍包裹著一個平凡家庭的簡單故事，大時代卻讓這個家族經歷戰爭的悲歡離合與困頓，並且在高雄二二八事件的槍林彈雨中倖存。

童年時，那些國小課本中的歷史與祖父的臺灣歷史之間的歧異與疑惑，那些被告誡的祕密，那些不可言說的床邊故事，在十五歲之後出現了顛覆的契機，就讀岡山高中時的歷史老師帶來了另一次啟蒙，歷史老師微笑的嘴角總是帶著一抹神祕，告訴我們課本上的歷史往往是權力下的虛構。接著，我經歷了「解嚴」並且從電視上看見了天安門事件，高三那一年，跟著同學一起拉著手支持彼岸的天安門學生。歲月更迭，當年一再的提問：「歷史的書寫是否是不可侵犯的神聖之物？」，今日也已獲得解答。班雅明在《歷史哲學論綱》中形塑了歷史天使的形象，以「寓言」（allegory）式的書寫描繪保羅・克利的畫作《新天使》，讓歷史天使站在歷史的廢墟殘片與風暴中，隱含了期待彌賽亞救世主來臨的猶太神學思想，而我攤開這些日治時期的影像與文字，面對羅蘭・巴特《明室攝影札記》筆下的「此曾在」與過往的幽靈影像，諸多意味中，我也彷彿得到了自身的救贖。

甘蔗與糖業與臺灣農業經濟息息相關

第一章

一個客家青年與他四個名字。

一八九四年（清光緒二〇年），積弱不振的清朝與「明治維新」後逐日現代化的日本因為朝鮮主權問題而爆發甲午戰爭。苗栗街上，一個拖著辮子的小男孩，在十歲那一年感受到改朝換代的肅殺氣氛，《馬關條約》的簽立，臺灣被清廷割讓，進入了日本統治時期，成為日本殖民地，歷史上稱為「乙未割臺」。這個瘦弱的小男孩，被依照客家習俗取名為「水妹」。「妹」字是客家人撫養男丁時，為避免夭折所使用的女性乳名。姓名在客家群族的性別關係中，除了身分位階上下與期望角色的塑造，更呈現男尊女卑的性別意識，在語言的編碼中，藉由性別上的弱化，蘊含著庇佑男丁成長的族群文化意涵。他的父母親希望女性化的名字能庇祐這個么子平安長大。此刻，在這個十歲小男孩的眼睛裡，除了看到異族統治了臺灣這個島嶼，也風聞了「乙未之役」，而在他生命長河中，日後也會目睹第二次的外來政權。

一八九四年朝鮮東學黨之亂，清朝與日本因為朝鮮主權爆發甲午戰爭。一八九五年三月二十日，清軍連連失利，戰況呈現敗象的清朝，派出李鴻章以頭等全權大臣身分赴日本廣島與日本全權大臣伊藤博文議和，然而談判未果，李鴻章甚至遭受狙擊，最終被迫於四月十七日與日本簽訂《馬關條約》，五月八日與日本於煙臺換約後正式生效。臺灣的割讓記載在《馬關條約》第二條的內文：「第二、割讓臺灣全島及其附屬諸島嶼；第三、割讓澎湖列島，即英國格林威治東經一百一十九度至一百二十度，及北緯二十三度至二十四度間的各島嶼。」除了承認朝鮮獨立；另一方面也將遼東半島、臺灣全島及澎湖列島割讓予日本。另外，第五條亦有如下之文字：「日清兩國政府於本約批准交換後，立即各自派遣一名以上之委員赴臺灣省，實施該省之讓渡事務，但需於本約批准交換後二個月內，完成上述之讓渡。」

日本明治天皇任命北白川宮能久親王為征臺統帥接收臺灣，初期遭遇了數月的武力抵抗，是為「乙未之役」，北白川宮能久親王亦在此役命喪臺灣。

一八九五年五月二十五日，士紳丘逢甲等擁立唐景崧爲臺灣民主國總統，臺灣民主國成立，五月二十九日日軍登陸澳底。在臺灣島嶼歷史上，「乙未之役」由北至南，是地域最廣、抗爭期間最長、死傷慘重且參與人數規模最大的一次戰役。除了自發性組成的抗日義軍、臺勇，尚包括了劉永福的黑旗軍、太平天國正規軍和唐景崧的廣勇等，其中無民主國番號且人數眾多、由民防團練組成的義軍，絕大多數為客家族群。

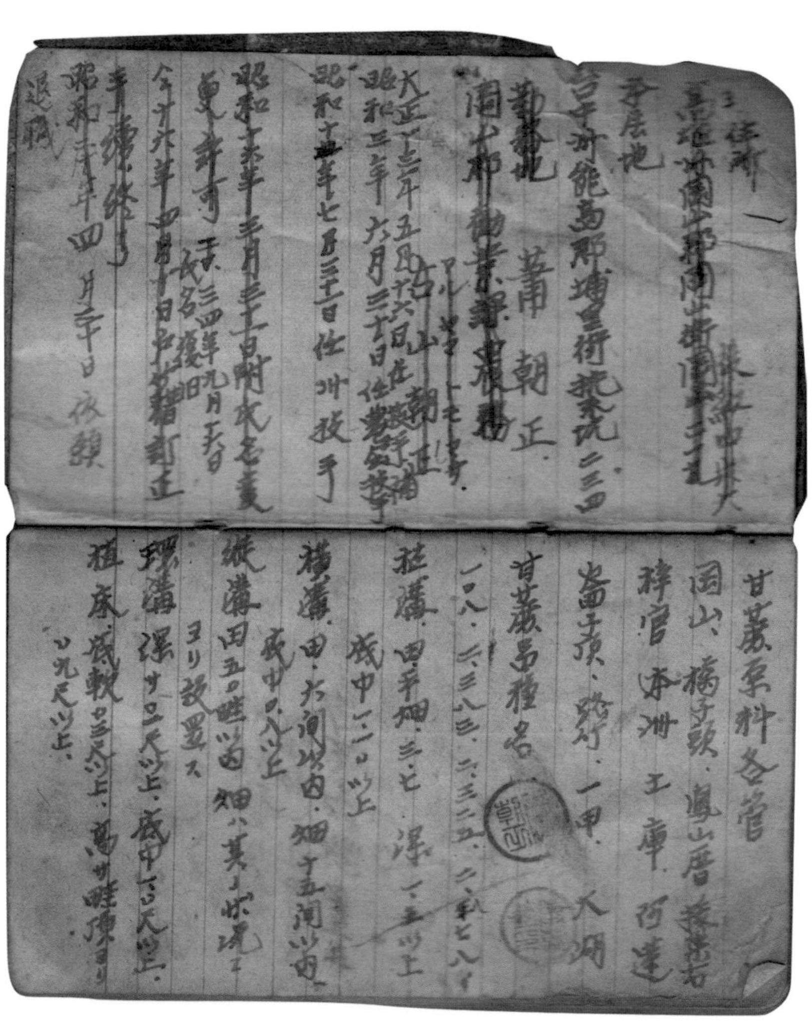

先祖蕭水妹昭和日記首頁。（圖片來源：家族收藏）

苗栗客家仕紳銅鑼灣生員吳湯興奉令為義軍統領，召集地方鄉勇組織義民軍，祭旗並面向北方發誓：「是吾等效命之秋也。」，新竹「金廣福」姜家後代姜紹祖起義於北埔，武秀才徐驤起義於苗栗頭份，而南部六堆地區的客家義勇軍則最具規模且組織嚴密。

一九〇六年（明治四十年）仲春上旬，小男孩已

先祖蕭水妹遺物，印章、懷錶與鋼筆。（圖片來源：家族收藏 ）

經成長為二十一歲的青年，在祖先留下的族譜上用端正的毛筆字抄寫記錄著：「仕麟公字鑾古公生四子一女曰阿亮、玉養、玉金、水妹。公卒於光緒十六年正月十七日巳時正寢享壽六十一歲，于光緒二十三年三月二十八日卯時葬於苗栗街背土名布埔仔山坐巽向乙（後改葬於臺中州能高郡埔里街挑米坑共同墓地，與廖氏大孺人玉金、蔡氏等合葬）」。他繼續寫下自己的名字：「十八世，慰輝字青虛號水妹公，公生於明治十八年（一八八五年，清光緒十年）十月五日舊曆十一月二十五日辰時。」。

這個青年就是我的曾祖父，他分別以蕭慰輝、蕭水妹、古山朝正與蕭朝正這四個名字分別出現在不同時期的政府文獻記載上，在寫作家族史的過程中，中央研究院臺灣史研究所檔案館所建立的「臺灣總督府職員錄」系統以及二〇一〇年（民國九十九年）岡山鎮編寫的《續修岡山鎮志》皆出現他的身影。以蕭水妹之名出現在「臺灣總督府職員錄」：

◎ 明治四十三年（一九一〇）南投廳庶務課囑託

◎ 明治四十四年（一九一一）阿緱廳庶務課雇員

◎明治四十五年（一九一二）阿緱廳庶務課雇員

◎大正二年（一九一三）阿緱廳庶務課　雇員

◎大正四年（一九一五）財務局稅務課　雇員

◎大正五年（一九一六）財務局稅務課　雇員

在《續修岡山鎮志》裡也詳列了蕭水妹的職務：

◎昭和十一年（一九三六）岡山農會支會蕭水妹技手。

◎昭和十二年（一九三七）岡山郡米穀統制組合囑託蕭水妹（臺中）。

◎昭和十三年（一九三八）高雄州農會岡山支會技手蕭水妹（臺中）。

◎岡山郡米穀統制組合囑託蕭水妹（臺中）。

◎昭和十四年（一九三九）高雄州農會岡山支會技手蕭水妹（臺中）。

◎昭和十五年（一九四〇）高雄州農會岡山支會技手蕭水妹（臺中）。

◎岡山郡米穀統制組合囑託蕭水妹（臺中）。

以古山朝正之名出現在「臺灣總督府職員錄」系統：

◎昭和十七年（一九四二）高雄州產業部農林課　技手　古山朝正（岡山郡駐在）（臺中）

◎昭和十九年（一九四四）高雄州產業部農水產課　技手　古山朝正（岡山郡駐在）（臺中）

國民政府來臺後，蕭水妹將所有對外的名字均改成蕭朝正，可以看見手記上有著明確塗改的痕跡，「蕭朝正是從皇民化時期的古山朝正刪改而來。因此在國史館臺灣文獻館《臺灣省行政長官公署檔案》的高雄市政府人員任免卷宗裡，被當時的承辦人員註明了姓名不符的爭議。

以蕭朝正之名出現在《臺灣省行政長官公署檔案》的公文：

◎臺灣省行政長官公署任免人員通知書

◎臺灣省行政長官公署高雄市政府任免人員請示單

◎自高雄市政府建設局課員薦任農林處駐高雄市技術員

◎農林處任免人員請示單

曾祖父在不同階段所使用的名字造成資料搜尋上

日治時期戶籍資料

的困難，在家族史寫作過程中，幾經數個數位典藏資料庫與地方誌的排列組合與比對，逐漸建立起大致生平年表，他所踏過的地方與足跡也日漸清晰。出生於一八八五年的他，一生自滿清光緒年間至民國，歷經日本殖民統治五十年，他的四個名字見證了臺灣族群遷徙與農業史。幼時受漢字啟蒙教育，及長，接受日本在臺灣舉辦的現代化農業教育——總督府農事試驗場，蕭水妹甚至見證了整個日治時期的臺灣糖業發展。

在前段族譜中的文字記載了光緒年間家族仍居住於苗栗，也說明了何以日治時期《臺灣總督府報》中「蕭慰輝」出現在「農事試驗場講習生」的許可名單上，並且登錄的籍貫為苗栗廳。苗栗街在一九二〇年至一九四五年間轄屬新竹州苗栗郡，也就是今日苗栗縣苗栗市，因此《臺灣總督府農事講

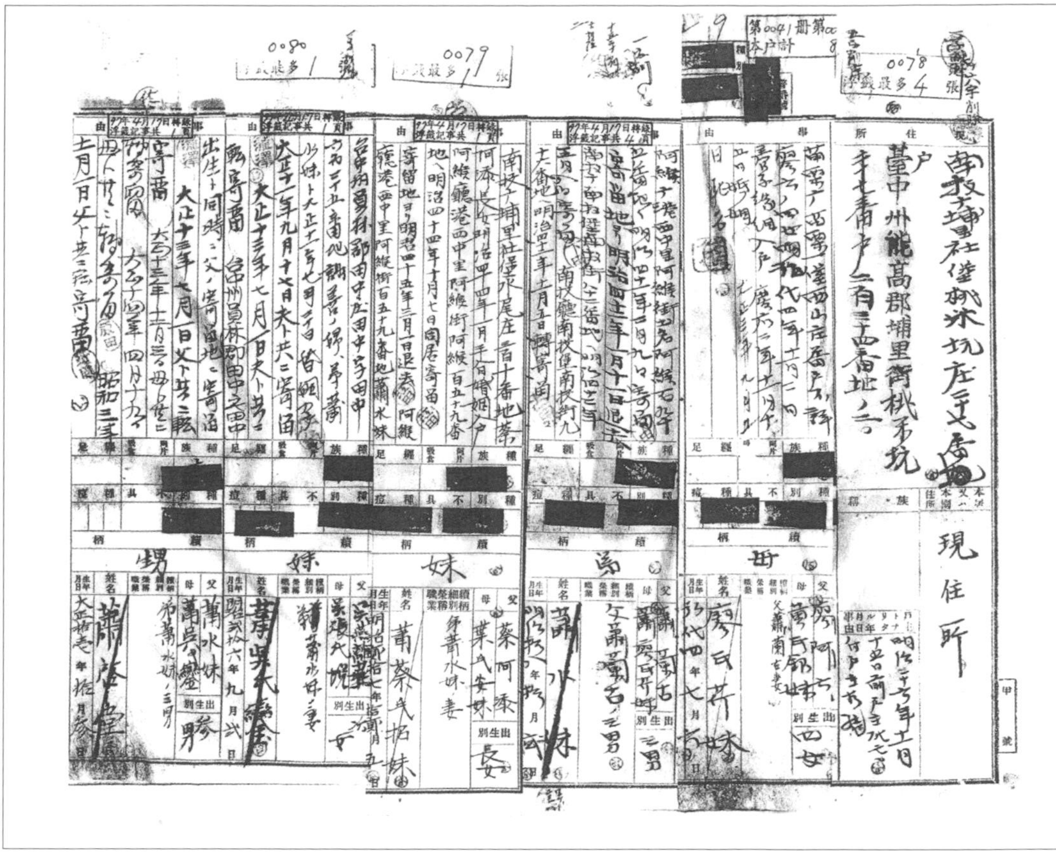

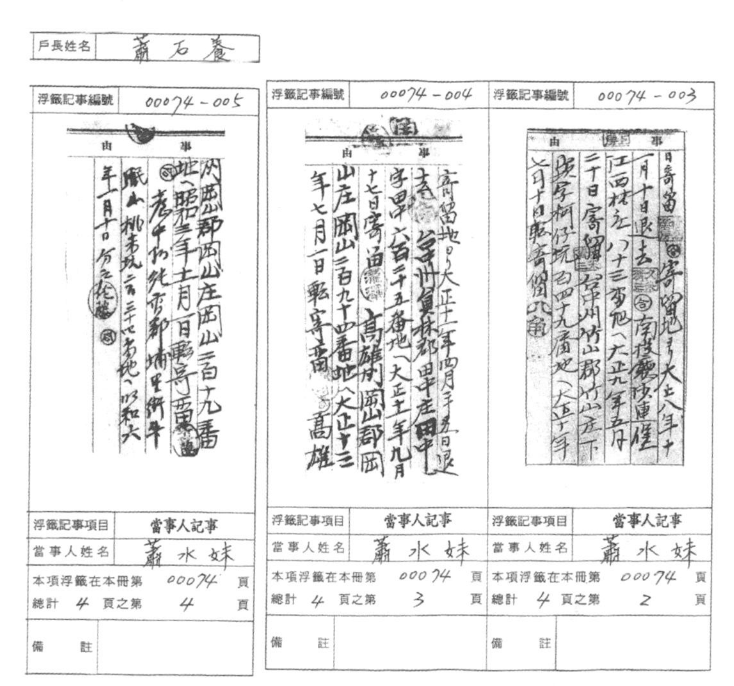

戶長姓名 蕭石養

浮籤記事編號	00074-005	浮籤記事編號	00074-004	浮籤記事編號	00074-003
浮籤記事項目	當事人記事	浮籤記事項目	當事人記事	浮籤記事項目	當事人記事
當事人姓名	蕭水妹	當事人姓名	蕭水妹	當事人姓名	蕭水妹
本項浮籤在本冊第	00074 頁	本項浮籤在本冊第	00074 頁	本項浮籤在本冊第	00074 頁
總計 4 頁之第	4 頁	總計 4 頁之第	3 頁	總計 4 頁之第	2 頁
備註		備註		備註	

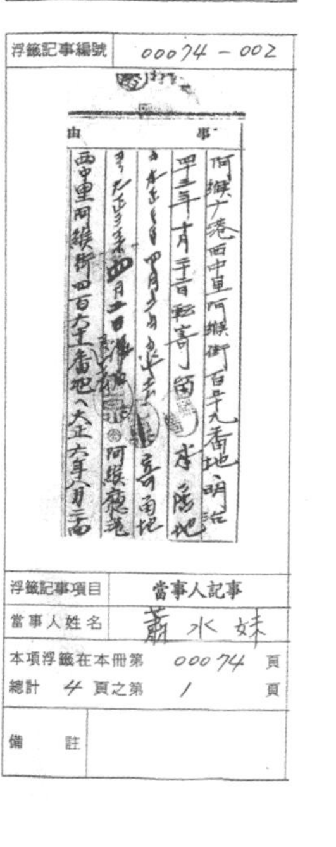

簿冊冊號 0041 除戶年份

浮籤記事編號	00074-002
浮籤記事項目	當事人記事
當事人姓名	蕭水妹
本項浮籤在本冊第	00074 頁
總計 4 頁之第	1 頁
備註	

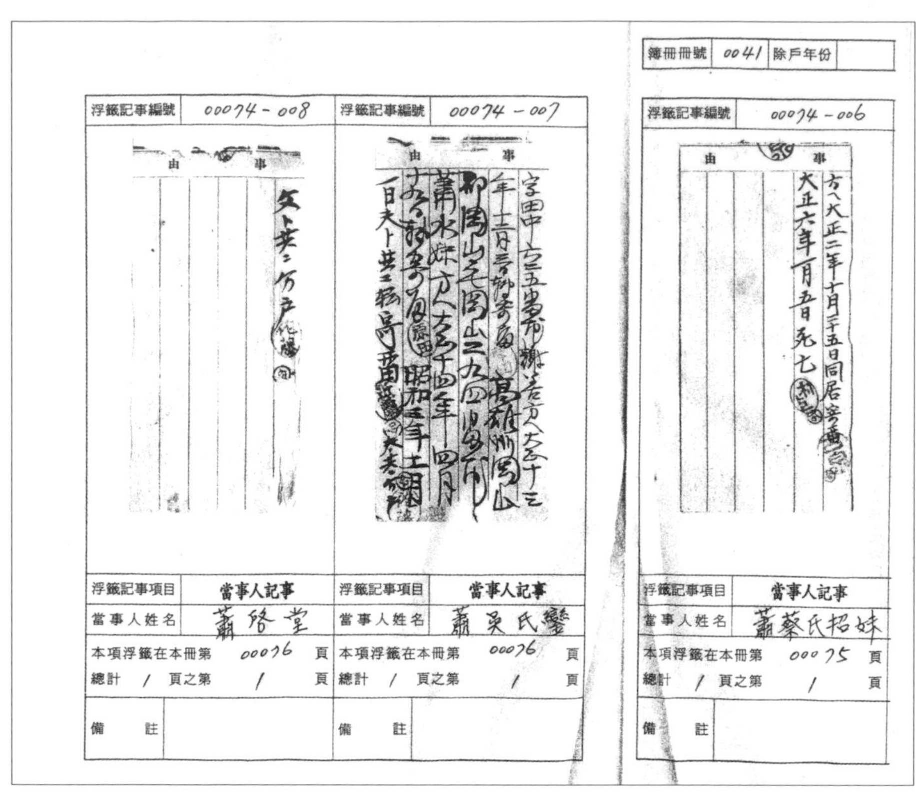

簿冊冊號	0041	除戶年份	

浮籤記事編號	00074－006	00074－007	00074－008
由　　事	大正二年十月二十五日同居寄留 大正六年一月二十五日死亡	[illegible]	[illegible]
浮籤記事項目	當事人記事	當事人記事	當事人記事
當事人姓名	蕭蔡氏招妹	蕭吳氏鑾	[illegible]
本項浮籤在本冊第　頁	00075	00076	00076
總計　頁之第　頁	1／1	1／1	1／1
備　　註			

日治時期戶籍資料

習生一覽》出現肅慰輝（蕭慰輝）籍貫新竹的誤寫。

根據南投縣埔里鎮成功里（舊名種瓜坑）的耆老訪談，該地區許多客籍人士來自苗栗縣公館地區，翻山越嶺為伐樟熬腦而來。少年蕭水妹便是在其父親過世後隨著母親與兄長離開苗栗，來到種瓜坑開啟另一段人生旅程。

根在粵東

八世祖有剛（字君和號梅塘公），妣邱氏大孺人，生二子曰，麗軒、振軒。九世祖麗軒（應隆字汝盛號麗軒公），妣包氏大孺人，生三子曰雲蛟、始熙、改峯。十世祖雲蛟公，妣湯氏大孺人，生一子曰蓼斯。十一世祖蓼斯（濃諱字子青號蓼斯），妣葉氏大孺人，生三子曰，上濟、上美、上益。十二世祖上濟（宏諱字萬克號上濟），妣溫氏大孺人，生五子曰文遠、文思、文聖、文恭、文彥。十三世祖文恭公，妣傅氏大孺人，生五子曰天賜、天享、天滿、天順、天帶，最初渡臺居於臺南臺灣府。

根據蕭水妹登錄的族譜，乾隆時期先祖文恭公渡海踏上臺南鹿耳門，祖籍廣東省陸豐縣白湖沮竹子仔坑，郡望為蘭陵郡。清朝初年鄭成功治臺期間，為了切斷鄭軍的大陸臍帶，阻絕沿海住民與鄭氏政權的戰略與各項糧食、鐵器等軍需往來，分別實施了《遷界令》與《禁海令》。清世祖順治皇帝於一六五六年（清順治一三年）六月十六日頒布禁海敕諭，一六六一年（清順治一八年），再將廣東、福建、浙江等五省的沿海居民，遷入離海岸三十至五十里不等之內陸，禁止在沿海地區耕種甚至漁舟商船出海，實施遷界移民政策。一六六二年（清康熙元年）康熙皇帝頒布《嚴禁通海敕諭》，再度實施《禁海令》，加強禁止廣東、福建的地區所有商漁船出海。一六八三年（清康熙二十二年）滿清擊敗鄭氏政權占領臺灣後，公布「臺灣編查流寓則例」：

一、欲渡船臺灣者，先給原籍地方照單，經分巡臺廈兵備道稽查，依臺灣海防同知審驗批准，潛渡者嚴處。

二、渡臺者不准攜帶妻兒家眷，業經渡臺者，亦不得招致。

三、粵地屢為海盜淵藪，以積習未脫，禁其民渡臺。

漢人渡臺三禁令中，取得渡臺路照者，只限於貿易商人。一七三二年（清雍正十年）廣東巡撫鄂爾達奏請准予渡臺者攜眷，此後二十餘年，政策時開時禁，一七六〇年（清乾隆二十五年）正式廢止渡臺禁令，閩、粵攜眷渡臺移民大增。蕭水妹所重述之祖文恭公也就是在此時渡海來臺。祖譜中十三世蕭氏祖譜如此記載：「十二世祖，宏諱字萬克號上濟生五子為文遠、文思、文聖、文恭、文參。……十三世祖文遠公生七子曰天開、天瑞、天寧、天遇、天贊，第六、七子幼亡。文恭公生五子曰天賜、天享、天滿、天順、天帶。公最初渡臺居於臺南臺灣府，妣傅氏大孺人。」結合蕭水妹所重述之蕭氏祖譜與網路蕭氏族譜，乾隆年間渡過黑水溝自臺南登陸的蕭文恭，與乾隆年間入墾今苗栗的蕭天遇、蕭天寧為同一支脈，同樣來自廣東惠州府陸豐縣蕭淳派下。[01]

01 蕭氏族譜：http://www.xiao.idv.tw/docs/xiao_in_taiwan.htm

永遠的桃花源——臺中州能高郡埔里街挑米坑

一七六〇年，當時的臺南日漸繁華，不僅築起防禦工事並且具備了早期城市機能。蕭家祖先自廣東惠州搭著戎克船飄洋過黑水溝抵達臺南臺灣府，後輩子孫又輾轉從苗栗遷徙到南投，客家血液中的移民性格與拓墾的硬頸精神，看似漂泊、隨遇而安，卻總是渴望尋得一方淨土以立下家族百年根基。「昭和日記」第一頁，蕭水妹用蒼勁鋼筆所寫下的臺中州能高郡埔里街挑米坑，是筆者懵懂無知的童年時光中，屢屢被告誡的故鄉位置。那一個位於埔里往日月潭必經的道路，往山裡行去的客家村落，自此成了一個巨大的神祕圖騰：神聖如桃花塢，遙遠而不可侵犯。這個有著神秘傳說的挑米坑聚落位在南投縣埔里鎮[02]，今日以生態保育聞名，山與山間，有著挑米坑溪、種瓜坑溪及分支溪水流過。

在埔里鎮上，客家族群人口達到全鎮總人口數的二成，其中廣成、史港、一心、桃米、成功等里的客籍居民占比最多，桃米里舊稱挑米坑，成功里舊稱種瓜坑。這些島內遷徙的客籍居民，在這裡除了伐樟樹熬腦油、種香茅煉香茅油，亦以種植樹薯或者種植漆樹割採製成天然漆，形成特殊的傳統手工藝與產業文化。

挑米坑

搜尋挑米坑的歷史，在百年前那裡還是一片森林荒野，直到一八七五年至一九〇八年清光緒年間才開庄，光緒中期以後，隨著越來越多的閩、客移民

02 九二一大地震後，經過社造重建成為現在廣為人知的桃米生態村。挑米坑庄在日治時期曾先後劃為南投廳與臺中洲。一九〇一年（明治三十四年），劃歸南投廳埔里社支廳埔東區埔里社堡挑米坑庄轄區，在一九二〇年（大正九年），為臺中州能高郡埔里街挑米坑大字所轄。當時的挑米坑庄包含了擔米坑、外大坪、草湳、中路坑、林頭坑、水墻、墻頂、田份、紙寮坑、大坪頂、茅埔坑、八股林等小聚落。（資料來源：數位南投。http://nt.village.tnn.tw/village05.html?id=148）

來到此地進行拓墾開發，因此出現了中城、下城、中路坑、種瓜坑[03]、茅埔坑、紙寮坑、林頭坑，以至於草湳等聚落，尤其從苗栗、新竹一帶遷入的客籍家族，更是拓墾先鋒。日治時期，埔里地區地廣人稀，桃、竹、苗及臺中東勢客家人越過「阿冷隘勇線」遷居落腳埔里，種植水稻、香蕉、漆樹及茭白筍，加以總督府在埔里設有糖廠、酒廠以及甘蔗原料區，也同樣從相同地域招募客籍人士以從事製糖、釀酒及甘蔗種植、除草、採收等工作。

清朝時期道光初年，臺灣擁有豐富的樟樹林，樟腦業成為臺灣重要的製造與輸出產業之一。在臺灣開放通商港口之後，外商覬覦臺灣的樟腦製造與販賣實權。清朝政府雖欲收回改為官營施行專賣，卻都因龐大利益引發國際糾紛而失敗，外商應用外交權力抗議。日本治臺之後，臺灣總督府於一八九五年（明治二十八年）發布日令第二十六號，對於持有清朝時期所發許可證的樟腦業者，加以課稅並允許其繼續營業，而未持有許可證者，則禁止其製造樟腦，然而在國際情勢與樟樹過度砍伐的影響下，樟腦油價格日益昂貴，總督府當局遂計畫將樟腦業收歸官方經營，施行專賣，於一八九九年（明治三十二年）六月發布律令第十五號《臺灣樟腦及樟腦油專賣規則》及律令第十六號《臺灣樟腦及樟腦油製造規則》。為了配合施行樟腦專賣制度進行管理，總督府當局設置樟腦局，向日本政府中央提出「臺灣樟腦局官制」案，於一八九九年六月四日發布為敕令第二百四十六號《臺灣樟腦局官制》。一九〇一年（明治三十四年）五月二十三日以敕令第一百一十六號發布《臺灣總督府專賣局官制》，廢除臺灣樟腦局與臺灣總督府製藥所、臺灣鹽務局，總督府為防止樟腦的濫造，限制產量，以維持價格，將樟腦相關業務移轉至專賣局腦務課主管。為開採南投埔里山區的樟樹，樟腦局曾到桃、竹、苗及臺中東勢客家地區，招募對樟樹砍伐及焗腦有經驗的工作人員也就是俗稱的「腦丁」，這些客家「腦丁」因而舉家遷徙來到了埔里，從長輩們的口述記憶裡，蕭水妹便是跟著母親與兄長為了樟腦而來到種瓜坑。

03 清領末期成功里內，已有種瓜坑莊聚落；一九〇一年（明治三十四年）二十廳時期，劃歸南投廳埔里社支廳埔里社堡種瓜坑庄轄區；一九二〇年（大正九年）五州二廳時期，為臺中州能高郡埔里街種瓜坑大字所轄。一九四六年（民國三十五年）廢大字設里，併為桃米里所轄，後由桃米里析出獨立設里。

種瓜坑的拓墾者在山間以農耕為主要生活方式，引水灌溉開闢水田，種植地瓜、旱稻。日治時代，他們伐樟熬腦，或者上山鋸木製材到埔里街販賣。隨著經濟作物的引入，開始種植甘蔗製糖和可供外銷的香茅油。筆者所知道的是兩位堂叔公蕭阿雙及蕭阿對，即以製作香茅油營生。一九〇一年，挑米坑劃歸南投廳埔里社支廳埔里社堡挑米坑庄轄區，種瓜坑庄則劃歸南投廳埔里社支廳埔里社堡種瓜坑庄轄區。一九二〇年（大正九年），前者分別改稱挑米坑大字、種瓜坑大字，為臺中州能高郡埔里街所轄。民國三十五年廢大字設里，挑米坑大字及種瓜坑大字又合併為桃米里。

種瓜坑（現為埔里鎮成功里）舊稱椿粿坑，椿臼是客家人舂粿的器具，另一說是早期先民移墾該地，見原住民在溪谷的石頭上舂米製粿而來，後來因舂粿與種瓜的臺語發音相似，改稱為種瓜坑，筆者九十二歲的祖母仍以臺語稱呼此地「椿粿」坑。種瓜坑是埔里轄區最偏遠且人口數最少，客家人比例最高的聚落，由於是純客家村庄，該地「鐘靈國小」是埔里唯一使用客家話進行鄉土語言教學的小學。

最早開墾種瓜坑當地的，為十二股苗栗客籍人士，分別為徐、饒、廖、陳、彭，及蕭姓等，我們家族便是其中一股。客家族群對於儒家傳統與教育格外重視，幼時所接受啟蒙的漢文私塾教育讓蕭水妹寫得一手好字。筆者在南投縣埔里鎮成功里（種瓜坑）進行訪談時，遠房親戚以及當地的客家耆老皆指出，一九〇六年自苗栗遷徙進入南投後，以十二股資金來此拓墾，客家族人落地生根並建造義民廟，並且聘請新竹人士林石添先生到村中擔任漢文老師，在義民廟廂房中教授，為後生啟蒙教育。

根據中央研究院「數位典藏與數位學習聯合目錄」中保有的日治時期一九〇四年（明治三十七年）七月七日的《臺灣總督府報》，蕭水妹的另一個名字「蕭慰輝」出現在「農事試驗場講習生」的許可名單上，以及一九〇七年（明治四十年）三月二十九日「獸醫講習生卒業證書授予式」的名單上，在此兩文獻上載明其籍貫為苗栗廳。農事試驗場講習生資格為家中擁有二甲以上田地、識字的本島人（臺灣人），十八歲以上、身體強健、可以負擔農業勞動者，並且要求品行端正，間接側寫了當時正值青少年的蕭水妹所具備的社會條件。

大正六年埔里大地震

一九一七年（大正六年）發生於一月五日與七日的埔里大地震，共造成七十人死亡、九八人重傷、二〇八人輕傷，民房全倒一二一二棟、半倒一八二一棟、大破一八〇七棟、破損四七八一棟、埋沒十四棟，為美麗、寧靜的南投地區帶來空前的浩劫。一月五日子時，三十二歲正值壯年的蕭水妹

先祖蕭水妹撰寫的族譜，載明了大正六年喪妻子之痛。（圖片來源：家族收藏）

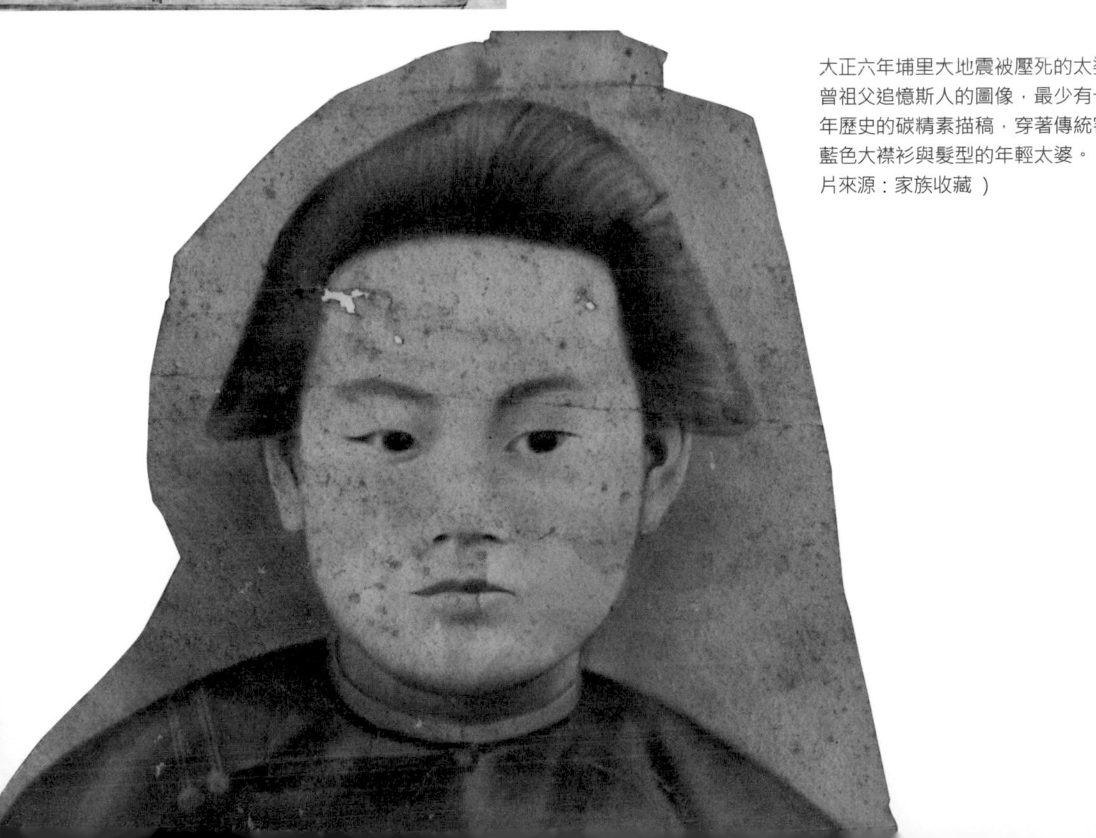

大正六年埔里大地震被壓死的太婆。曾祖父追憶斯人的圖像，最少有七十年歷史的碳精素描稿，穿著傳統客家藍色大襟衫與髮型的年輕太婆。（圖片來源：家族收藏）

右圖上：大正六年埔里大地震，挑米坑庄春桿坑震後影像，經筆者查證，春桿坑應為種瓜坑客語翻譯音誤，此張圖與下一圖應同為蕭水妹家族舊宅。（圖片來源：《臺灣氣象報文第六》〈臺灣中部大震報告〉）

右圖下：大正六年埔里大地震，挑米坑庄春桿坑震後影像，經筆者查證，春桿坑應為種瓜坑客語翻譯音誤。（圖片來源：《臺灣氣象報文第六》〈臺灣中部大震報告〉）

時任總督府財務局稅務課雇員[04]，在這場地震中，失去了身懷六甲的妻子、一雙年幼兒女以及年長他六歲為人敦實的兄長蕭石妹，他沉痛的在族譜上記載這一次震災：

04 一八九五年，日本接收臺灣之際，首先在總督府之下設置民政、陸軍、海軍三局，在民政局底下再分成內務、外務、殖產、財務、學務、通信、司法七部。在全臺平定前，尚有一次異動，雖仍分成民政、陸軍、海軍三局，但將民政局的業務精簡化，改設內務、殖產、財務及學務四部。一八九六年平定臺灣各地的反抗事件後，同年四月開始實施民政，又將民政局分為總務、內務、殖產、財務、法務、學務及通信等七部。一八九七年，除原有的民政、陸軍、海軍三局外，又增設財務局。一八九八年旋即又廢止財務局，並將民政局改為民政部，設民政長官，目的在使組織簡化，至此總督府的民政基礎才正式確立。一九〇一年，總督府在民政部內設置警察本署、總務、財務、通信、殖產以及土木工局。

石妹公，石妹一生勤儉務農未娶，至家聲稱振之時，倏受此難豈不悲哉，徒喚天奈何而已。及蔡氏招妹（水妹之妻）母子，佐棠（五歲）、雙妹（四歲）兄妹於大正六年一月五日子刻，舊曆十二月十一日夜子刻，在南投廳埔里社挑米坑庄土名種瓜溪受天災地震遭家屋倒壞悽慘之狀，目不能認。於大正六年（一九一七）一月七日葬於屋后墓地。蔡招妹女德兼備至行年二十歲之時連生二子，啟知二子亦同時受天災壓死嗚呼哀哉，然招妹妊娠九月即將臨盆時受此天災豈不悲乎哭記。

在自己的名字底下寫著：

慰輝字青虛號水妹公，生一子、一女，生子曰佐棠行年五歲被家屋壓死，生女曰雙妹行年四歲被家屋壓死。

在經歷過埔里大地震的生離死別與哀傷後，蕭水妹孑然一身，人生重新沉澱。為此，他淡漠家財，對於生命的脆弱、人世的無常，常有所感慨，一直到三十七歲再娶，才又生下八個子女。而在百年後的今日，筆者在茫茫網路的搜尋裡，竟然找到了當時震後家園殘破的影像。根據交通部中央氣象局與中央研究院地球科學研究所所共同出版的《臺灣十大災害地震圖集》，一九一七年臺灣總督府臺北測候所記錄的攝影資料文獻，圖0318與0319的說明如下：「南投廳埔里社支廳挑米坑庄春桿坑（南投縣埔里鎮桃米里）農家全潰，造成其內四人壓死（一九一七年一月七日地震後攝），根據臺北測候所（一九一九），徐明同博士提供。」[05]。經筆者查證日治時期挑米坑庄轄區資料並無春桿坑此一地名，春桿坑實為種瓜坑，種瓜坑以客語發音為「充寡」，而春桿二字應是由臺語音譯客語而來。在區域所屬管轄上也似有謬誤，卻與蕭水妹族譜記載相同。經過家人指認，比對此兩張圖片及死亡人數，也與家族照片及家譜記錄相符，為當年震後的蕭家。

05 鄭世楠、葉永田、徐明同、辛在勤著，《臺灣十大災害地震圖集》，臺北：交通部中央氣象局，一九九九年六月初版一刷。頁79。http://scman.cwb.gov.tw/eqv5/10eq/10eq-index.htm。《臺灣氣象報文第六》〈臺灣中部大震報告〉，大正七年十一月十六日，頁11-41。

糖蜜製造

明治四十一年（一九〇八）
戶籍遷入阿緱廳港西中里阿緱街
明治四十二年（一九〇九）
戶籍遷出阿緱廳港西中里阿緱街
大正九年（一九二〇）
戶籍寄留南投廳沙連堡江西林庄八十三番地
大正十年（一九二一）
臺中州竹山郡竹山庄下崁字柯子坑百四十九番地
轉寄留

——日治時期戶籍謄本

左圖：第二次皇民化運動時期，針對臺籍公務員進行的鍊成會，目的在使臺灣人民為日本盡忠。照片最上方，左起第二個為蕭水妹。（圖片來源：家族收藏）

昭和十八年度第二回中堅官吏錬成會

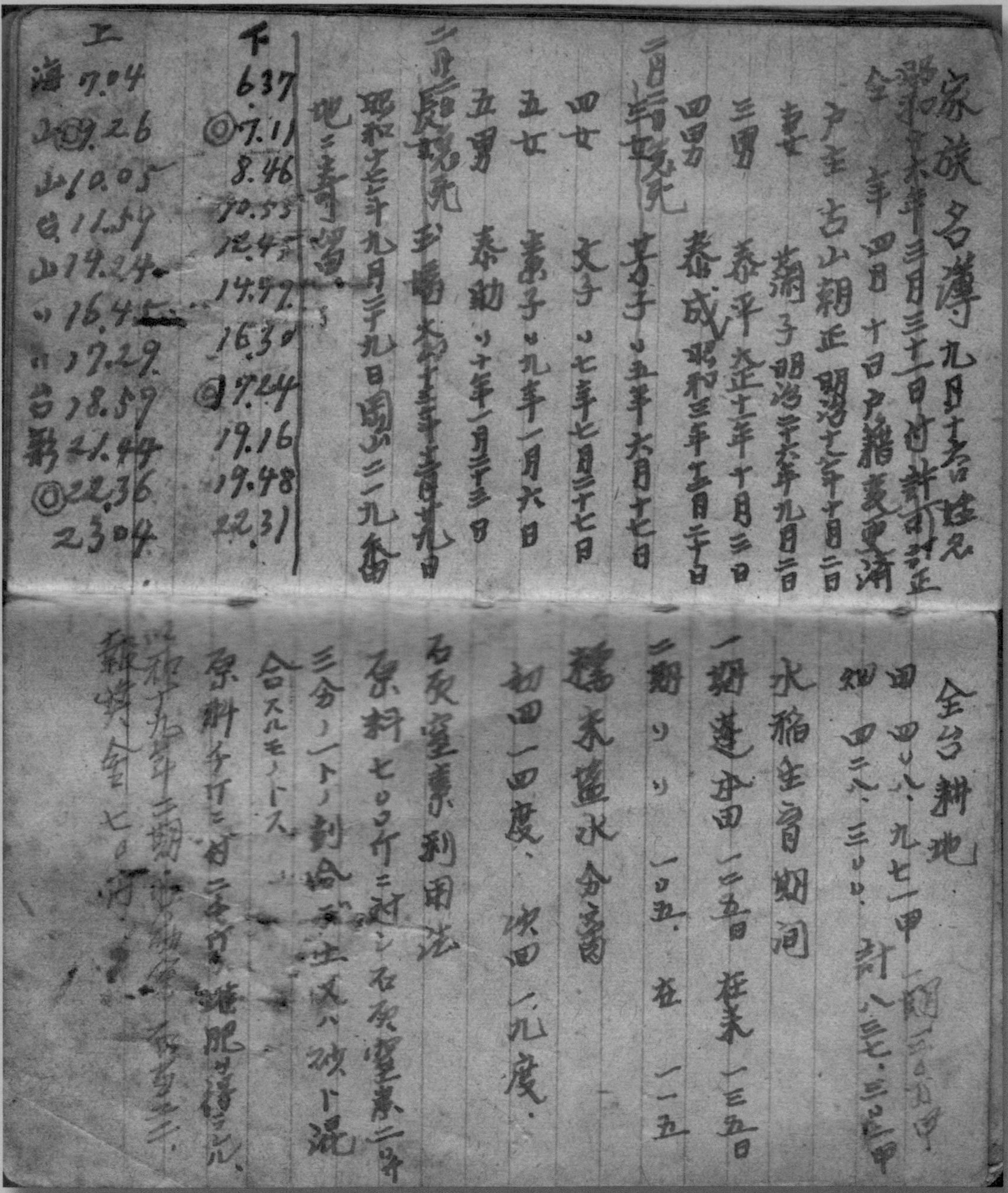

先祖蕭水妹昭和日記內的家族名簿，昭和十六年戶籍變更。

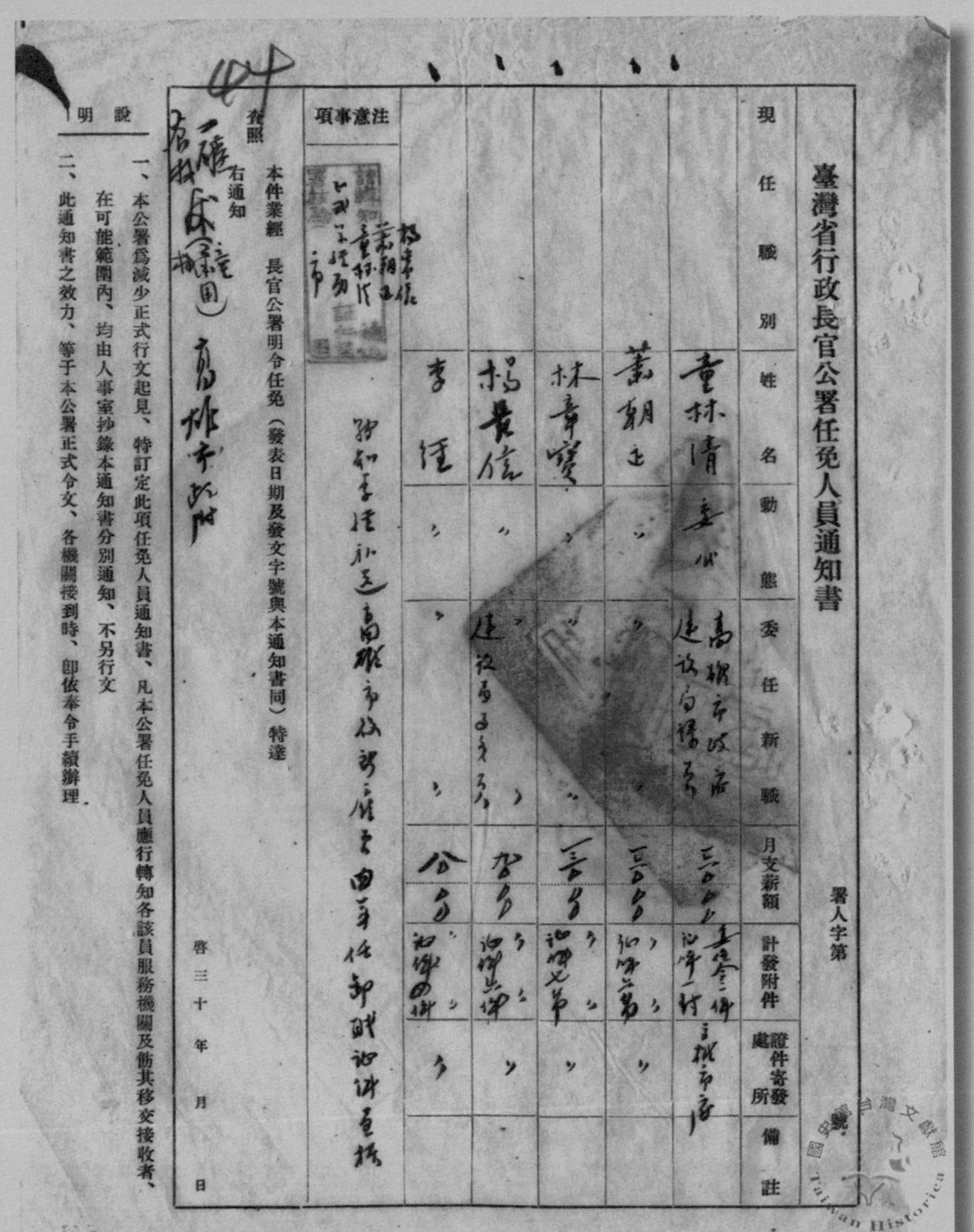

國民政府來台，先祖蕭水妹以蕭朝正之名出現在「臺灣省行政長官公署」任免人員通知書上（圖片來源：國史館臺灣文獻館數位典藏計劃）

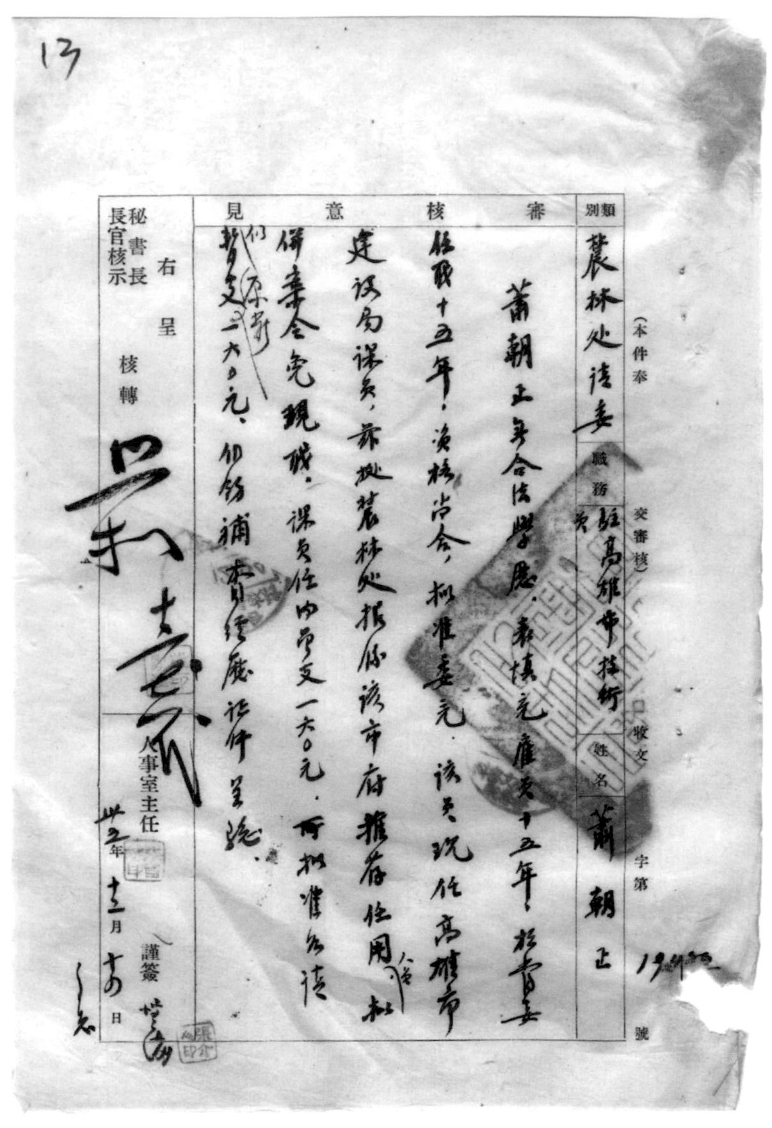

類別	農林處請委
職務	派任高雄市技術員
姓名	蕭朝正

（本件奉 交審核） 收文 字第 號

審核意見

右呈

秘書長 核轉

長官核示

人事室主任 謹簽

卅五年 月 日

先祖蕭水妹以蕭朝正之名出現在「臺灣省行政長官公署」文獻（圖片來源：國史館臺灣文獻館數位典藏計劃）

明治四十三年（一九一〇）　南投廳庶務課囑託
明治四十四年（一九一一）　阿緱廳庶務課雇員
明治四十五年（一九一二）　阿緱廳庶務課雇員
大正二年（一九一三）　阿緱廳庶務課雇員

——臺灣總督府職員錄

攤開蕭水妹手記、總督府職員錄、臺灣地圖與日治時期戶籍謄本的對照，蕭水妹的足跡與臺灣現代化新式糖廠的成立有著隱約的關聯性，戶籍地所在皆鄰近製糖所，且都在改造為新式製糖工廠期間。一九〇七年十一月，臺灣日治時期四大製糖會社之一的臺灣製糖株式會社在阿緱廳歸來莊（亦即今日的屏東縣屏東市建立阿緱工場），隔年一九〇八年年底竣工。蕭水妹則在一九〇八年將戶籍遷入阿緱廳，一九〇九年又將戶籍遷出。一九〇九年，日人設立埔里社製糖株式會社，將舊式糖廍改建為新式製糖工場，並設置往集集、南投糖業鐵道，壓榨甘蔗量可達每日七五〇公噸，一九一〇年間遭遇水災難以經營，於隔年一九一一年併入臺灣製糖株式會社，也就在同年，蕭水妹的名字出現在「臺灣總督府職員錄」上載明任職南投廳庶務課囑託，在總督府的職員資料中，一九一一年（明治四十四年）至一九一三年（大正二年）年間蕭水妹又回到阿緱廳庶務課擔任雇員。而位於現今南投縣竹山鎮舊稱竹山製糖所的竹山糖廠，一九〇九年時雲林拓殖合名會社設立崁工場，為生產紅糖的改良糖廍。一九一八年時併入臺南製糖株式會社，一九二四年併入昭和製糖株式會社，改稱昭和製糖下崁工場為一新式製糖工場[06]。

日治時期臺灣文學中的糖蜜風景與殖民帝國統治下所帶來的「殖民現代性」（colonial modernity）具有直接關聯性，在楊雲萍的〈黃昏的蔗園〉一文中如此描述：「一望的蔗園，大半被染成陸離的赤銅色。——赤銅色的夕陽，無言裡，悄悄地半沉在蒼紫的獅仔山。初秋的冷風刮得半陣蔗葉沙沙簌簌的響。」[07]。龍瑛宗的〈植有木瓜樹的小鎮〉也描繪了製造糖蜜的製糖會社：「通過街道，馬上就看到M製糖會社。一片青青而高高的甘蔗園，動也不動；

06　臺灣製糖工廠百年文史地圖：http://map.net.tw/taisugar/?dir-item=%E7%AB%B9%E5%B1%B1%E7%B3%96%E5%BB%A0

07　楊雲萍著，葉石濤、鍾肇政主編，〈黃昏的蔗園〉，《一桿秤子》，臺北：遠景出版社，一九九七年。頁 177-182。

製糖場取締規則

總督府に於て先年來糖業奬勵規則を發布し原野の貸渡 蔗苗 幷に補助金の下付又は製糖器械の貸付等を爲しつゝあるは其の目的主として砂糖の品質改良に在るも山村又は原料集散不便の地方に在りては容易に改良糖に着手するに至らざるのみならず尚平地にして諸種の便益ある個所にても兎角改良糖製造に躊躇し依然として石油發動機及汽機汽罐を用ひ舊式糖を製造しつゝある模樣なるが斯くては本島の糖業を盛況に導く所以にあらざるを以て總督府にては今回製糖場取締規則を發布し成るべく改良糖製造の發達を期する方針にて新式大製糖場の豫定地又は之を設け得る地域内に於て舊式糖の製造場を設けんとする者は新式製糖場設立計畫の成る上は直に取拂ふべき條件の下に當分許可さるべきことに決定せし由今該規則の要項を聞くに概要左の如し

一、全部又は一部新式機械を應用し製糖場を設立せんとする者は此規則に依り臨時臺灣糖務局長の許可を受くべし設立後工場の設計を變更せんとする場合亦同し

許可を受けずして前項の製糖場を設立し又は其の變更を爲したる者あるときは臨時臺灣糖務局長は何時にても之が取拂又は變更を命ずることを得

二、前條の許可を受けんとする者は豫て定められたる書式に依り願書及び其の附屬書類を調製の上所轄地方廳に差出すべし

地方廳に於て前項の願書を受理したる時は意見を附し臨時臺灣糖務局長に進致すべし

三、臨時臺灣糖務局長は製糖場の設立又は變更の許可を與へたる場合には其の原料採取區域を限定すべし

一九〇五年六月七日．日日新報刊載「製糖場取締規則」。

高聳著煙囪的工廠的巨體，閃閃映著白色。」[08]《臺灣日日新報》昭和二年（一九二七）六月十一日夕刊第二版，文教局長石黒英彥談論八景的投票募集時，曾經提到了臺灣西部平原的景觀，當時的主要作物是芭蕉與甘蔗，甘蔗園是嘉南平原常見的景色。

十七世紀荷蘭統治時期，便募集福建、廣東沿海居民跨海來臺種植甘蔗生產蔗糖，進行貿易。延續荷治與明末清初時糖業，一九〇二年，臺灣總督府發布臺灣「糖業奬勵規則」，同時設置「臨時糖務局」，執行糖業之奬勵、改良，並附有「甘蔗試作場」及「糖業講習所」，糖業扶植計畫正式展開，在「農業臺灣、工業日本」的目標之下，全力發展現代製糖工業並興建大規模新型製糖工廠，並與日人合作成立新式的製糖會社，營建大規模的農場，以新穎機械設備取代牛力榨蔗取汁以及人工為主的舊式糖廍，發展出的酒精、機械、造紙、肥料等週邊工業，砂糖與米、茶葉與樟腦並列當時臺灣最重要的四大

08 龍瑛宗著，許俊雅編，〈植有木瓜樹的小鎮〉，《日治時期臺灣小說選讀》，臺北：萬卷樓出版社，二〇〇三年初版，二〇一三年初版四刷。頁253。

第二十五課　製糖工場を見る

のだがどうだなか〱よいお話だらう。」とおつしやいました。

第二十五課　製糖工場を見る

遠方から高い煙突を見ながら行く近づくとこげつくやうな甘い香が先づ鼻をうつ。續いてごう〱とさわがしい音が絶間なく聞えて來る。事務所に行つて來意を告げると、すぐ應接室へ通された。事務の人が製糖の順序を示した圖解や標本を示しながら、一通りの説明をしてくれた。

やがて技師に紹介されて工場の方へ導かれた。場外か

日治時期臺灣公學校《國語讀本》中的〈製糖工場〉（圖片來源：《公學校用國語讀本卷十二第一種》）

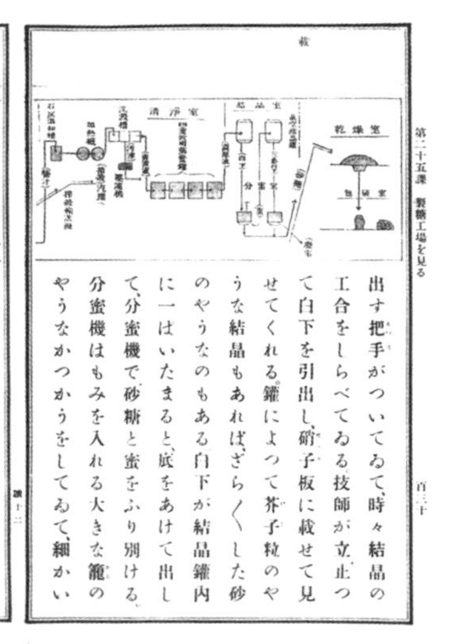

第二十五課　製糖工場を見る

出す把手がついてゐて、時々結晶の工合をしらべてゐる技師が立止つて白下を引出し、硝子板に載せて見せてくれる。鑵によつて芥子粒のやうな結晶もあれば、ざら〱した砂のやうなのもある。白下が結晶鑵内に一はいたまると、底をあけて出して分蜜機で砂糖と蜜をふり別ける。分蜜機はもみを入れる大きな籠のやうなかつかうをしてゐて、細かい

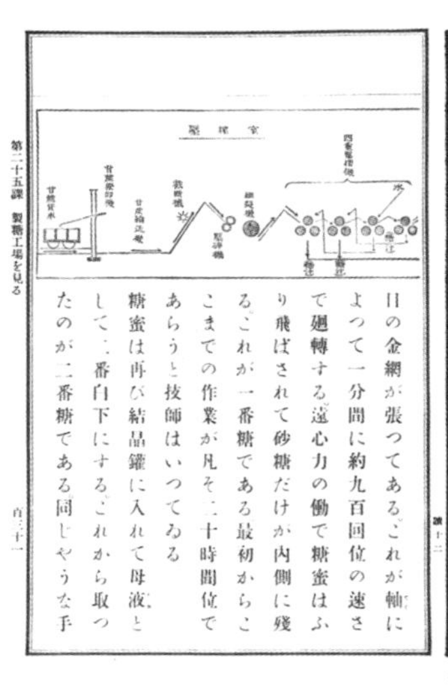

目の金網が張つてある。これが軸によつて一分間に約九百回位の速さで廻轉する。遠心力の働で糖蜜はふり飛ばされて砂糖だけが内側に殘る。これが一番糖である。最初からこゝまでの作業が凡そ二十時間位であらうと技師はいつてゐる

糖蜜は再び結晶鑵に入れて母液として二番白下にする。これから取つたのが二番糖である。同じやうな手

日治時期臺灣公學校《國語讀本》中的〈製糖工場〉分蜜流程（圖片來源：《公學校用國語讀本卷十二第一種》）

作物。配合糖業所興建運輸甘蔗原料專用的鐵道密布全臺，除了今日的縱貫鐵路，橫向的糖業鐵路是臺灣西部平原重要的地景紋理[09]。

日本學者矢內原忠雄在其透視日本殖民過程的經典著作《帝國主義下的臺灣》第二篇第三章〈臺灣糖業之資本主義發展〉探討殖民地經濟結構時指出：「日本占領臺灣以後的糖業發展史，是使這種前資本主義的生產完全變成具有新式機械設備的資本家企業所征服的過程。」[10]。新式機械設備、交通運輸與電力系統帶來了現代化經驗，臺灣史學者張隆志在〈殖民地現代性分析與臺灣近代史研究〉一文中梳理《Position》主編東尼・巴羅（Toni Barlow）提出「殖民現代性」此一詞彙概念，認為應「重新檢視現代性一詞在東亞歷史經驗中的具體意涵，並強調殖民主義在塑造殖民者與被殖民者的現代經驗的重要性，以及現代性引介過程中與在地社會文化體系間的互動關係」。在日常生活裡，殖民所帶

09 莊天賜著，〈臨時臺灣糖務局與臺灣新製糖業之發展（一九〇二—一九一一）〉，國立臺灣師範大學歷史學系博士論文，二〇一〇年。

10 矢內原忠雄著，林明德譯，《日本帝國主義下的臺灣》，臺北：吳氏圖書，二〇〇四年。頁265。

一九三五年臺灣舉辦「始政四十周年紀念臺灣博覽會」文宣之一（圖片來源：《臺灣博覽會協贊會誌》）

「始政四十周年紀念臺灣博覽會」糖業館（圖片來源：《始政四十周年紀念臺灣博覽會》）

來的現代知識建構與「殖民現代性」，呈顯了日本明治維新後在生活上的變革及對臺影響，透過日本篩檢的西方文明，電火照明、汽車、咖啡館以及洋食一併在臺北街頭出現[11]。

糖業也成為日治時期現代化與初等教育中的重要篇章，臺灣總督府於一九一五年三月二十日發行，由臺灣日日新報社印刷的《臺灣總督府農業試驗場要覽》，可以見到首次進入臺灣的現代化教育下對於甘蔗的育種與栽植。日治時期臺灣公學校《國語讀本》中的〈製糖工場〉，除了文字更佐以插圖描繪了詳細的新式製糖過程[12]。一九三五年，臺灣始政四十年博覽會糖業館以三座地景模型分別以甘蔗田收割、使用牛力的舊式糖廍與新式製糖工場的建築剖面詳細介紹了糖業發展的進程與工業化成

11 王慧瑜，〈日治時期臺北地區日本人的物質生活（一八九五—一九三七）〉，國立臺灣師範大學臺灣史研究所碩士論文，二〇〇八。

12 《公學校用國語讀本卷十二第一種》，臺灣總督府，昭和十年九月二十日第十版，頁124-134。

果[13]。臺灣歷史學者呂紹理在《水螺響起》中梳理討論了日治時期糖業所帶來服務殖民母國的時間規訓及日常生活的影響，在縮短臺灣南北交通的鐵道運輸系統及產業政策下[14]，人們的生活作息被新式製糖工場的汽笛聲所制約。

班尼特•安德森（Benedict Anderson）在《想像的共同體：民族主義的起源與散布》（Imagined Communities）中[15]，指出民族意識的起源源自於書籍與印刷資本主義，小說與報紙，語言和文字，人口調查、地圖、博物館等，使得國土疆界內的國民透過閱讀、想像、記憶，在同時性與即時性中，形構共同生活與行為規範產生國族認同[16]，而在日本殖民之下的想像便是透過八景十二勝與地方色的建構，例如：吉田初三郎繪製的臺灣鳥瞰圖更在西部平原物產上標示許多的「甘蔗」。根據臺灣總督府中央研究所農業部在《甘蔗品種試驗（大正十年期）成績》中對於甘蔗品種試驗的目的與場所的相關說明：

一、試驗目的：

甘蔗品種育種狀況、採收量及品質等各項差異，同一品種因各地方氣候、土質與栽培法等環境之不同也影響其收成差異，針對不同地方選擇最優良之品種是本島蔗作改良上最首要之事項。在大正九年間，委託各地方農會與製糖會社，使用相同方法來加以試驗，來本島選擇各地最適合之品種以及品種特性及環境對於品種影響之研究。

二、試驗場所：

本試驗施行的場所在全島州廳管轄內共計有三十七個，包括了殖產局糖務課一所、州農會四所、製糖所三十二所。由北至南詳列如下：

---

13 《始政四十周年記念臺灣博覽會寫真帖》，臺北：臺灣博覽會事務局，一九三七初版，東京都：国書刊行 ，二〇一二年再版。

14 一八九五年，日治後臺灣總督府成立了「臺灣鐵道線區司令部」，一八九九年成立了「鐵道部」，一九〇八年，自基隆到高雄的縱貫線全線貫通，形成臺灣時間與空間的巨大變革，讓耗費數日的臺灣南北交通縮短為一日之內。

15 班尼特・安德森（Benedict Anderson）著，吳叡人譯，《想像的共同體》，臺北：時報出版，二〇一〇。

16 廖炳惠編著，《關鍵詞 200：文學與批評研究的通用辭彙編》，臺北：麥田出版，二〇〇三年。頁 138。

「始政四十周年紀念臺灣博覽會」糖業館內部展示之一（圖片來源：《始政四十周年紀念臺灣博覽會》）

臺北州：臺灣總督府殖產局糖務課、臺灣製糖株式會社臺北製糖所、臺南製糖株式會社宜蘭製糖所。

新竹州：帝國製糖株式會社新竹製糖所、新竹州農會、新竹製糖株式會社。

臺中州：東洋製糖株式會社月眉製糖所、帝國製糖株式會社臺中工場、臺中州農會、新高製糖株式會社彰化工場、明治製糖株式會社溪湖工場、林本源製糖株式會社（北斗郡田尾庄）、林本源製糖株式會社（北斗郡溪州庄）、明治製糖株式會社南投工場、臺灣製糖株式會社埔里製糖所。

臺南州：東洋製糖株式會社斗六製糖所、大日本製糖株式會社臺灣工場（虎尾郡虎尾庄）、大日本製糖株式會社臺灣工場（虎尾郡土庫庄）、新高製糖株式會社嘉義工場、東洋製糖株式會社北港製糖所、臺南州農會嘉義農場、明治製糖株式會社蒜頭工場、東洋製糖株式會社南靖製糖所、東洋製糖株式會社烏樹林製糖所、鹽水港製糖株式會社新營庄工場（一）、鹽水港製糖株式會社新營庄工場（二）、明治製糖株式會社總爺工場、臺南製糖株式會社噍吧哖製糖所。

高雄州：臺灣製糖株式會社橋子頭製糖所、臺灣製糖株式會社後壁林製糖所、新興製糖株式會社、鹽水港製糖株式會社旗尾工場、高雄州農會屏東農場、臺灣製糖株式會社阿猴製糖所、臺灣製糖株式會社東港製糖所。

花蓮港：鹽水港製糖株式會社花蓮製糖所。

臺東州：臺東製糖株式會社。

臺灣糖產量在日治時期現代化的設備下達到最高峰，一九三九年曾到一四一萬八七三一公噸，第二次世界大戰糖廠在戰爭中受到嚴重破壞，戰後國民政府成立的臺灣糖業公司將製糖所與會社整併為三六間糖廠，一九七七年糖產量曾經回到一〇六萬九五四七公噸，但隨著臺灣經濟轉型，糖廠逐漸關閉。二十一世紀，臺灣糖業公司只剩下虎尾、南靖、善化三間製糖工廠，以及戰後興建的小港煉糖廠持續運作[17]。筆者曾經造訪了臺東市臺東糖廠，親眼所見那些已停止運作的糖廠廠房，身處於幾近廢墟狀態的廠房裡，那些甘蔗輸送帶、巨大廠房與蜜汁儲存槽。記錄裡，臺東糖廠興建於一九一六年，舊稱臺東製糖所，原屬於臺東製糖株式會社。每日壓榨甘蔗量為九〇〇公噸。酒精工場，於一九七六年九月停閉，製糖工場，於一九九六年七月一日停閉。筆者試著想像著當年蕭水妹是否也曾經身處於類似的大廠房中，耳邊是機器發出的轟隆巨響，嗅覺被甘蔗充斥的甜味所包圍。

17 《臺灣糖業公司，臺糖六十週年慶紀念專刊——臺灣糖業之演進與再生》，臺南：臺灣糖業股份有限公司，二〇〇六年。

第二章

總督府農事試驗場。

經過岡山時期的美軍轟炸，許多照片文獻已被焚毀，家族傳說裡蕭水妹同時考上了臺灣總督府醫學專門學校以及臺灣總督府農林專門學校（一九二二年四月一日改名為臺灣總督府高等農林學校），因為家境貧苦故而放棄醫科。根據一九四五年（昭和二十年）左右的手記簿紀錄與家族照片中保存了當時疑似臺北高等農林學校的師生照，並無法直接證實他在日治時期是否跟隨磯永吉遠赴南洋，或者如長輩口述記憶中參與了蓬萊米改良與甘藷臺農九號的育種，筆者在臺灣總督府農林專門學校卒業生名單中亦遍尋不著痕跡，透過日治時期總督府文獻與家族長輩口述記憶，在歷史與地點上進行交叉比對，經過年代與時間上進一步的查證，該照片應為總督府農事試驗場時期所留存影像。

推測蕭水妹在臺北都城兩年短暫的稅務工作之後，回到了農業試驗場參與新式製糖工場的相關工作，在南投竹山留下寄留的戶籍紀錄，另一個待查證的跡證則是在嘉義農事試驗所參與了蓬萊米之父磯永吉的蓬萊米改良工作，完成了甘藷臺農九號的育種，較明確的線索是在此之前蕭水妹曾與友人一同前往大陸廣東省尋根，並往海南島、新加坡等東南亞地區遊歷。為了釐清蕭水妹的生平，我著手閱讀日治時期農業教育的發展，試圖梳理那些言說與記憶。

原疑為臺北高等農林學校師生照，經比對應為總督府農事試驗場時期所留存的影像。上方第二排右起第三人戴眼鏡者為先祖蕭水妹。（圖片來源：家族收藏）

為了查訪當年蕭水妹在農事講習生的生活活動範圍與農事試驗場確實位置，我來到昔日農事試驗場所在的臺灣大學試驗田區，奇異的感覺不斷升起、湧現，「似曾相識」（déjà vu）是真實抑或虛構？還是那些過往文字與影像的幽靈擾動了「海馬迴」，以為是過去曾見之物？根據蕭家長輩口述，農事試驗場的卒業式有一不成文規定，需要在墳場接受膽量考試。農事試驗場的教員們會在墳場差人裝神弄鬼，學生逐一進入接受測驗，當年蕭水妹進了墳場，不但奪得插在墳上的錦旗，還將裝鬼者戲弄一番，遂以大膽聞名。或許與蕭水妹受過的獸醫訓練經驗有關，與兒女言談間，總對動物們有著深厚情感，以言行身教，教導兒女們尊重生命，在日常生活裡，被描述為是個愛貓、喜歡釣魚的沉靜老人。每當下班時間，家裡的貓兒遠遠的看見蕭水妹騎著自行車的身影，貓兒便趕上前迎接，在老人腳邊跟前跟後，即使是夜寢，貓兒也總窩在老人身邊愛寵的發出呼嚕聲。美軍轟炸岡山，蕭家屋毀人亡，貓兒也被炸彈波及重傷，斷垣殘壁間，老人只能流著淚蹲下身對著傷重的貓道別：「很抱歉，我沒有辦法救你，我自己的兩個女兒也重傷等著我。」。

日治時期殖民政策與教育概況

臺灣作為日本第一個殖民地，在日治初期是由臺灣總督府主導殖民地的開拓規劃，一八九六年（明治二十九年）三月三十一日大日本帝國國會公布法律第六十三號《應於臺灣施行法令相關之法律》，也就是「六三法」。該法讓臺灣總督擁有絕對權力，同時握有「行政權」、「司法權」與「立法權」，甚至是「軍事權」。更以嚴密的警察制度控制社會，除了臺灣本島人沒有平等的參政權，在教育制度與建設上也遠遜於日本本土。

筆者閱讀整理了日治時期教育史學者吳文星的著作，依照日治時期臺灣總督府施政策略方針與歷史發展，可分為三個時期：始政（漸進主義）時期（一八九五—一九一五年）、同化（內地延長主義）時期（一九一五—一九三七年）與皇民化時期（一九三七—一九四五年）。日人將現代化教育帶到了臺灣，然而在日治初期，教育制度不完備的狀況下，臺灣本島人的教育程度遠不及於在臺日人。大正時期以後，歷任日本文官總督以文化統理的方式對臺灣統治已漸趨穩固，加以大正期間包括日本本土民主化思潮的政治風氣改變，日治中後期日方改而採取以同化為主軸的內地延長主義統治方針，並且派任文官總督，教育制度與各級學校輪廓逐漸清晰。從報刊上可略知，在彼時臺灣民族意識抬頭的情況下，臺灣知識分子亦關心本土菁英養成，對日人在臺教育政策多所針貶。

昭和年間，因著日本本國的天災加以全球經濟蕭條，日本陷入經濟恐慌，軍國主義順勢崛起，將臺灣視為「南進基地」。一九三六年（昭和十一年）九月，新任武官總督小林躋造上任後，發表統治臺灣三原則：「皇民化、工業化、南進基地化」；推行皇民化運動，設立「臺灣拓殖株式會社」，配合日本資本家訂定政策以發展工業，鼓勵日本移民設置移民村進行開墾，將臺灣作為支持本國工業的後盾，為日本向南方發展的基地。一九三七年第二次中日戰爭爆發，為了鞏固在臺灣的統治並將臺灣本島人進一步同化於日本，日方開始推行全面性且強力的皇民化政策。這些政治局勢皆影響了總督府每個時期的教育政策，而與農業發展密切相關的農業教育政策更是重要的一環。

在農業教育方面，一八九九年亦開始設立修業半年至二年的農事試驗場及糖業講習所，工業講習所則修業三年，施以現代化農業與工業教育內容，以訓練基層的農業與工業方面的技術人員。針對在臺灣的日人子弟，總督府則據日本國內的小學校令及中學校令，分設小學校、中學校，仿製日本本土相同之教育制度與課程，使在臺日人回歸日本國土後可銜接日本高等教育；職業教育則設有工、商業學校各一所，另於醫學校附設醫學專門部，仍為僅限日人子弟就讀的高等教育機關。

初期臺灣教育並未建立具體的教育方針，隨著統治與開發進程，逐漸形成在臺日本人、臺灣人、原住民等三個階級系統的差別待遇教育。殖民地臺人子弟所接受的初、中等教育迥異於日本本土，僅提供基礎日語教育和初級技術教育。從一九一九年《臺灣教育令》、一九二二年《新臺灣教育令》、一九三七年《皇民化教育》到一九四三年實施義務教育，日治全期，總督府的教育政策乃是以漸進原則，採逐步強化的同化主義方針，亦即是以「現代化」取向的同化教育政策改變臺灣社會，總督府始終未公平開放平等共學機會，臺人入學機會公平之要求，並未獲得滿足。蕭水妹的長子蕭啟堂就讀岡山國民學校高等科，么女蕭玉英就讀員林國民學校，在口述之下，傳達了蕭水妹對於家中子女的教育重視，即使是女孩，曾祖父始終給予平等的資源與栽培，只是遭逢戰爭，無法繼續升學。

一九一九年，在日本帝國主義與民族自決之時代思潮之下，為強化對殖民地的控制及消弭臺灣人民的民族自覺，頒布《臺灣教育令》，確立臺灣人的教育制度，在《臺灣總督府報》與《日日新報》多刊登學校招生與各項學生學習活動。當時提供給總數三百五十萬臺灣人民的教育機構，除了學齡兒童學習的公學校之外，中等以上教育機關僅四年制高等普通學校一所、三年制女子高等普通學校二所、五年制師範學校二所、三年制工業、商業及農林學校各一所、六年制包含預科三年及本科三年的農林及商業專門學校各一所、預科四年加上本科四年之八年制的醫學專門學校一所。在臺日人則享有五年制中學校二所、四年制高等女學校三所、預科二年加本科三年之五年制工業及商業學校各一所、三年制高等商業學校一所，再加以師範學校、醫學專門學校兼收日籍學生。從就學制度上，我們便可以看到嚴格的隔離政策及不平等的教育權。

一九二二年，在日本本土民主風潮下，總督府頒布《新臺灣教育令》，提出「內地延長主義」，擬定教育普及與提高臺灣文化為方針。明訂中等以上教育機關（師範學校除外）取消臺、日人的差別待遇及隔離教育，開放臺、日共學，臺灣中等以上教育機關比照日本國內制度設立。在各地紛紛增設中學校、高等女學校、職業學校及職業補習學校等之外，另創立大學預備教育機關七年制高等學校一所，原各實業專門學校改制為三年制高等農林、商業及工業學校，以及四年制醫學專門學校，專收中學畢業生，一九二八年，「臺北帝國大學」設立，以對南洋人文及熱帶農業的研究為重心。然而，共學的結果只是提供給在臺日人子弟更多的教育機會，在包括語言能力與基礎知識的各種競爭條件與限制下，進入臺灣高等教育機構的臺灣人子弟反而減少。

一九三七年，日本全面對華發動侵略戰爭後，在臺推動《皇民化教育》，為普及日語、灌輸日本國民精神等同化措施，廢除公學校漢文科。一九四一年配合日本國內初等教育學制改革，將臺灣的小學校、公學校一律改稱國民學校，規定「過日語生活家庭」之子弟進入比日本國內多實業科即原小學校的「第一號表國民學校」，其餘家庭之子弟則進入更重視日語、實業兩科原公學校、蕃人公學校「第二、三號表國民學校」。一九四三年，實施義務教育，修改各級學校法規與教育內容，縮短修業年限等，中學校修業年限縮短為四年，招收國民學校高等科畢業生之高等女學校改為二年，實業學校男子改為三年、女子改為二年，高等學校高等科由三年縮短為二年，大學本科由三年縮短為二年。中等以上學校數目不斷增加。蕭水妹在戰爭中亡故的女兒古山芳子，便是就讀岡山農業實踐女學校。

農事試驗場與農事講習生

一九〇二年，臺灣總督府同時發布臺灣《糖業獎勵規則》、設置「臨時糖務局」、「甘蔗試作場」及「糖業講習所」，執行糖業之獎勵、改良，展開糖業扶植計畫，發展現代製糖工業與新型製糖工廠，新穎機械設備取代了牛力榨蔗取汁以及人工為主的舊式糖廍，也帶來了現代化的農業教育。一九〇四年（明治三十七年），蕭水妹以苗栗廳蕭慰輝的名字出現在《臺灣總督府報》。一九〇四年七月七日獲許可參與「農事試驗場講習生」的名單中，以及一九〇七年三月二十九日《臺灣總督府報》中的「獸醫講習生卒業證書授予式」，在兄長的資助與自身的努力下，進入了農事試驗場並成為第一屆的獸醫

農事試驗場影像：水牛整地(右上)、黃牛耕地(左上)、芭蕉園整地(右下)、甘蔗園耕耘(左下)

講習生。日治時期之臺灣農事試驗場有二套系統，一是行政體系，一是教育體系。一九〇三年十一月，總督府將原設於臺北、臺中、臺南三處農事試驗場，合併成為臺灣總督府農事試驗場，同年十二月十八日，任命由總督府殖產局長代理新渡戶稻造兼任場長。此為行政系統下的農事試驗場，目的在改進、推廣農業技術。試驗場內部分為種藝部、農藝化學部、昆蟲部、植物病理部、畜產部、教育部、庶務部。該場試驗的成果及研究調查，隨時出版以提供業者參考，其出版數量已將近百種。後來任職臺北帝國大學的昆蟲學家素木得一、植物學家島田彌市以及磯永吉皆為其中一員。

農事試驗場是日本近代農學研究主要的推動機構之一，一八九〇年代後期起日本各府縣紛紛設立農事試驗場，進行農事改良的各項試驗。當時剛成為日本殖民地的臺灣也於一八九九年設置臺北、臺中、臺南農事試驗場。一九〇〇年為普及農業知識，於臺北縣設置農事試驗場，招收擁有田地二甲以上之臺灣人為講習生，教授農業知識；同年臺南縣也設農事試驗場，招收講習生，為農事講習生募集之濫觴。一九〇一年（明治三十四年）於臺北、臺中、臺南設農事試驗場，改歸總督府管轄，從事增殖改

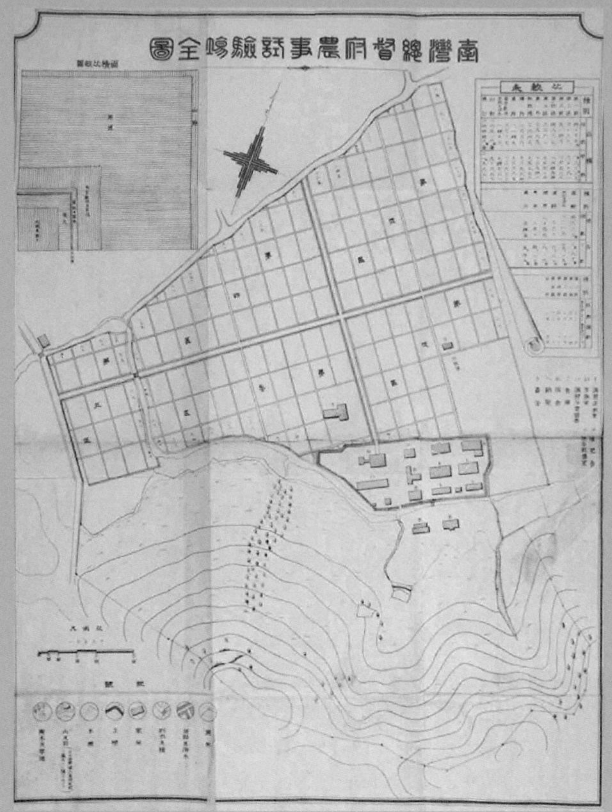

明治時期臺灣總督府農事試驗場全圖

臺灣總督府農事試驗場本廳舍

良農業畜產及養蠶之實驗，並設農事及養蠶兩種講習生。

一九〇一年十二月二十日臺灣總督府於總督府報公布臺灣總督府農事試驗場規程，分臺北、臺中及臺南三處設立農事試驗場，從事農產與畜產的增殖改良、委託試驗、巡迴講話、農事講習、養蠶傳習等相關試驗與宣導工作，講習生資格為家中擁有二甲以上田地、識字的本島人（臺灣人），十八歲以上、身體強健、可以負擔農業勞動者，並且要求品行端正。授課期間為一年，農業試驗場傳授農業簡易的學理與技藝，講習生則需提出保證人，農業試驗場並且提供住宿，而餐飲、被服、文具則須自理，修業結束頒與證書，可說是臺灣最早的農業教育機構。地屬熱帶的臺灣，與日本風土氣候迥異，奠立了近代臺灣農學基礎的農事試驗場，主要工作內容以進行農產的增殖改良、農事調查、農事林業及獸醫術的講習，以及種苗、蠶種、種畜的配布等為主，無論研究或農業生產皆具有獨特性，且與日本帝國主義下的「南進政策」連帶有密切關係。

一九〇三年，合併改制為臺灣總督府農事試驗場，為臺灣最早的近代農學研究機關。臺北農事試驗場由臺北市東門外搬到臺北廳大加蚋堡頂內埔庄，也就是臺北市富田町三二九番地的新址，同年合併臺中及臺南並且廢校，集中於臺北成立臺灣總督府農事試驗場，由藤根吉春擔任首任的場長，報名資格改為家中田地只要一甲以上，但學歷必須至少讀到公學校五年級，授課期間延長為二年。

一九〇七年，農事試驗場增設獸醫講習，獸醫講習包括牛、豬以及家畜，馬、山羊、羊、狗、貓等基礎獸醫知識，在總督府報上刊登了結業式上各級長官的講演與結業名單。臺灣獸醫教育創始於日治時期的臺灣總督府農事試驗場獸醫講習生，第一屆獸醫講習生曾參與恆春地區牛瘟之撲滅工作並於一九〇七年畢業，現仍留有農事試驗場舊建築一幢，即昆蟲系與防檢局臺北檢疫站間之紅磚建築，為當時之昆蟲館。一九〇八年廢養蠶講習生，新設林業講習生，農事講習生分甲科及乙科，乙科修業二年，其餘各科皆修業六個月，並得視情況伸縮。一九一一年重新公布農事試驗場講習規程（訓令251號），提高教科程度，分置豫科（修業一年）、農科（修業二年）及獸醫科（修業三年），入學豫科者須於公學校六年修了，並有耕地一甲以上資產始得申請。一九一九年《臺灣教育令》公布，新設公立農業學校、實業補習學校等，農事講習生遂廢止。

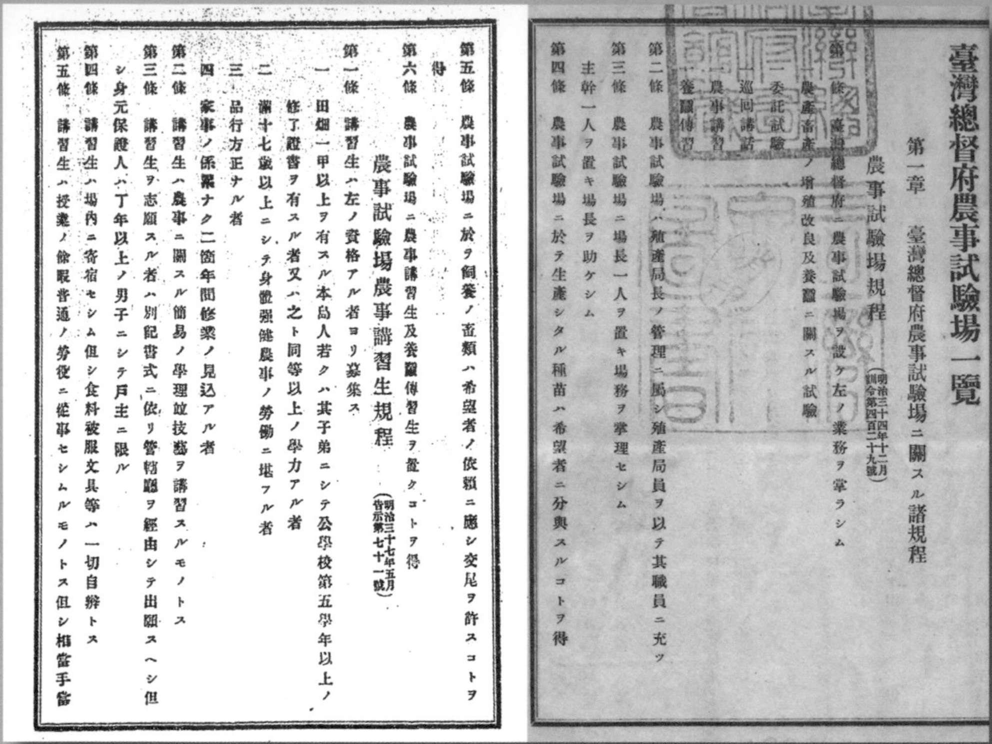

臺灣總督府農事試驗場一覽

第一章　臺灣總督府農事試驗場ニ關スル諸規程

農事試驗場規程（明治三十四年十二月 訓令第四百二十九號）

第一條　臺灣總督府ニ農事試驗場ヲ設ケ左ノ業務ヲ掌ラシム
一　農產畜產ノ增殖改良及養蠶ニ關スル試驗
二　委託試驗
三　巡回講話
四　農事講習
五　養蠶傳習

第二條　農事試驗場ハ殖產局長ノ管理ニ屬シ殖產局員ヲ以テ其職員ニ充ツ

第三條　農事試驗場ニ場長一人ヲ置キ場務ヲ掌理セシム
主幹一人ヲ置キ場長ヲ助ケシム

第四條　農事試驗場ニ於テ生產シタル種苗ハ希望者ニ分與スルコトヲ得

第五條　農事試驗場ニ於テ飼養ノ畜類ハ希望者ノ依賴ニ應シ交尾ヲ許スコトヲ得

第六條　農事試驗場ニ農事講習生及養蠶傳習生ヲ置クコトヲ得

農事試驗場農事講習生規程（明治三十七年五月 告示第七十一號）

第一條　講習生ハ左ノ資格アル者ヨリ募集ス
一　田畑一甲以上ヲ有スル本島人若クハ其子弟ニシテ公學校第五學年以上ノ修了證書ヲ有スル者又ハ之ト同等以上ノ學力アル者
二　滿十七歲以上ニシテ身體强健農事ノ勞働ニ堪フル者
三　品行方正ナル者
四　家事ノ係累ナク二箇年間修業ノ見込アル者

第二條　講習生ハ農事ニ關スル簡易ノ學理並技藝ヲ講習スルモノトス

第三條　講習生ヲ志願スル者ハ別記書式ニ依リ管轄廳ヲ經由シテ出願スヘシ但シ身元保證人ハ丁年以上ノ男子ニシテ戸主ニ限ル

第四條　講習生ハ場內ニ寄宿セシム但シ食料被服文具等ハ一切自辨トス

第五條　講習生ハ授業ノ餘暇普通ノ勞役ニ從事セシムルモノトス但シ相當手當

明治三十八年四月二十九日發行的〈臺灣總督府農事試驗場一覽〉

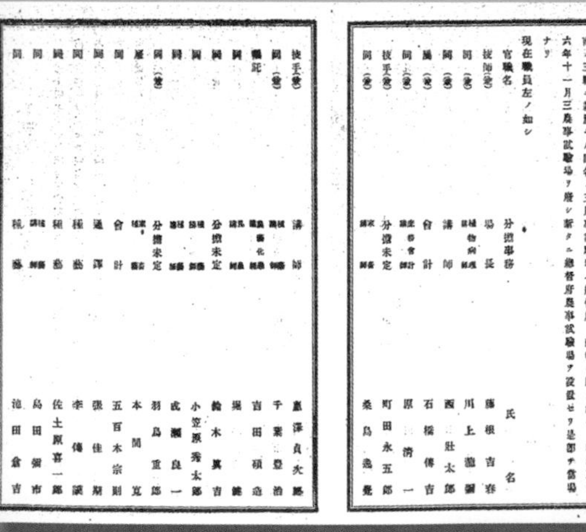

第四章　沿革概說及職員

明治三十四年十一月總督府官制改革アリ廢縣置廳ノ制トナルヤ從來臺北臺中臺南ノ三縣ニ隸屬セル同名ノ三農事試驗場ハ總督府ノ直轄ニ歸シ超エテ明治三十六年十一月三農事試驗場ヲ廢シ新タニ總督府農事試驗場ヲ設置セリ是即チ當場ナリ

現在職員左ノ如シ

官職名	分掌事務	氏名
技師（奏）	場長	藤根吉春
同（奏）	[illegible]	川上瀧彌
同（奏）	講師	西[illegible]壯太郎
屬（判）	會計	石橋傳吉
同上（判）	[illegible]	原濟一
技手（判）	分擔未定	町田永五郎
同（判）	[illegible]	桑島逸覺
技手（判）	講師	惠澤良次郎
同（判）	[illegible]	千葉登治
囑託	[illegible]	吉田碩造
同	[illegible]	堀健
同	分擔未定	鈴木眞吉
同	[illegible]	小笠原秀太郎
同	[illegible]	武瀨良一
同（判）	分擔未定	羽鳥重郎
雇	[illegible]	本間寛
同	會計	五百木宗則
同	通譯	張佳期
同	[illegible]	李傳謨
同	[illegible]	佐土原喜一郎
同	[illegible]	島田彌市
同	[illegible]	池田倉吉

明治三十八年四月二十九日發行的〈臺灣總督府農事試驗場一覽〉

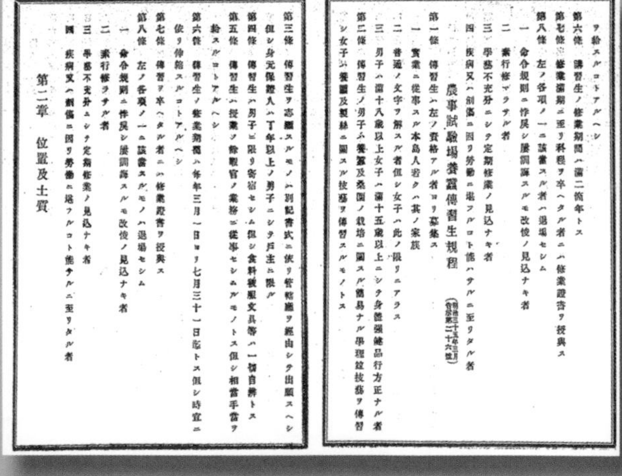

ヲ給スルコトアルヘシ

第六條　講習生ノ修業期間ハ滿二箇年トス

第七條　修業滿期ニ至リ科程ヲ卒ヘタル者ニハ修業證書ヲ授與ス

第八條　左ノ各項ノ一ニ該當スル者ハ退場セシム
一　命令規則ニ悖戾シ屢訓誡スルモ改悛ノ見込ナキ者
二　素行修マラサル者
三　學藝不充分ニシテ定期修業ノ見込ナキ者
四　疾病又ハ創傷ニ因リ勞働ニ堪フルコト能ハサルニ至リタル者

農事試驗場養蠶傳習生規程（明治三十五年三月 告示第二十六號）

第一條　傳習生ハ左ノ資格アル者ヨリ募集ス
一　實業ニ從事スル本島人若クハ其ノ家族
二　普通ノ文字ヲ解スル者但シ女子ハ此ノ限リニアラス
三　男子ハ滿十八歲以上女子ハ滿十五歲以上ニシテ身體强健品行方正ナル者

第二條　傳習生ノ男子ハ養蠶及桑園ノ栽培ニ關スル簡易ナル學理並技藝ヲ傳習シ女子ハ養蠶及製絲ニ關スル技藝ヲ傳習スルモノトス

第三條　傳習生ヲ志願スルモノハ別記書式ニ依リ管轄廳ヲ經由シテ出願スヘシ但シ身元保證人ハ丁年以上ノ男子ニシテ戸主ニ限ル

第四條　傳習生ハ男子ニ限リ寄宿セシム但シ食料被服文具等ハ一切自辨トス

第五條　傳習生ハ授業ノ餘暇官ノ業務ニ從事セシムルモノトス但シ相當手當ヲ給スルコトアルヘシ

第六條　傳習生ノ修業期間ハ每年三月一日ヨリ七月三十一日迄トス但シ時宜ニ依リ伸縮スルコトアルヘシ

第七條　傳習ヲ卒ヘタル者ニハ修業證書ヲ授與ス

第八條　左ノ各項ノ一ニ該當スルモノハ退場セシム
一　命令規則ニ悖戾シ屢訓誡スルモ改悛ノ見込ナキ者
二　素行修ラサル者
三　學藝不充分ニシテ定期修業ノ見込ナキ者
四　疾病又ハ創傷ニ因リ勞働ニ堪フルコト能ハサルニ至リタル者

第二章　位置及土質

明治三十八年四月二十九日發行的〈臺灣總督府農事試驗場一覽〉職員列表

臺灣總督府農事試驗場

大正二年十一月

創立十年紀念

本場職員

同上生徒

本場全景

同上廳舍

大正二年十一月五日臺灣農友會發行的〈臺灣總督府農事試驗場—創立十年紀念〉

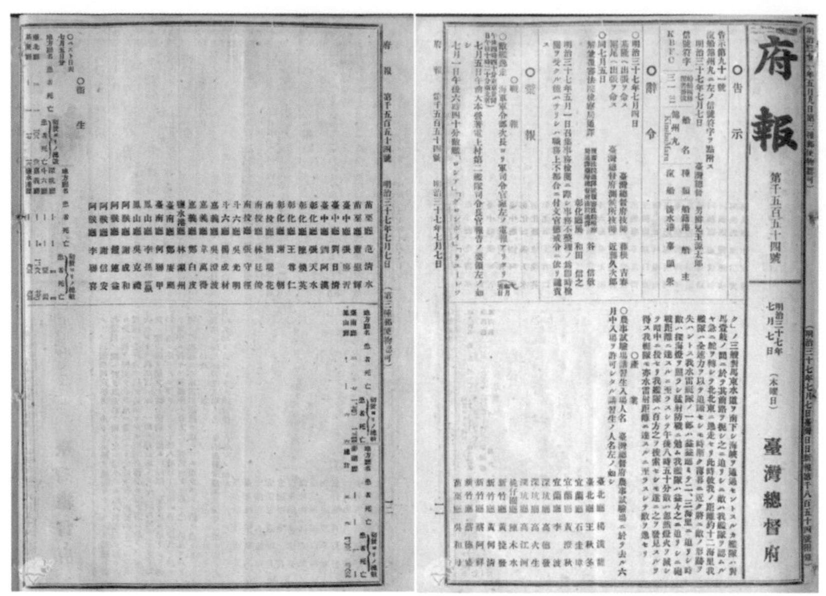

府報

第千五百五十四號

明治三十七年七月七日（木曜日）

臺灣總督府

明治三十七年（一九〇四年）七月七日獲許可參與「農事試驗場講習生」之人名，先祖蕭水妹以苗栗廳蕭慰輝之名出現在〈臺灣總督府報〉（圖片來源：國史館臺灣文獻館數位典藏計劃）

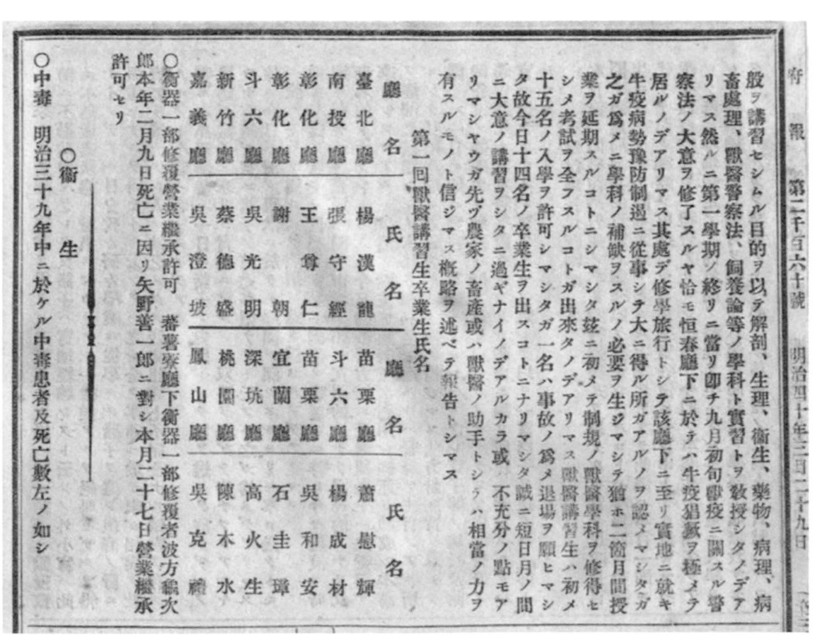

府報　第二千百六十號　明治四十年三月二十九日

般ヲ講習セシムル目的ヲ以テ解剖、生理、衛生、薬物、病理、病畜處理、獸醫警察法、飼養論等ノ學科ト實習トヲ教授シタノデアリマス然ルニ第一學期ノ終リニ當リ即チ九月初旬獸疫ニ關スル警察法ノ大意ヲ修了スルヤ恰モ恒春廳下ニ於テハ牛疫猖獗ヲ極メテ居ルノデアリマス其處デ修學旅行トシテ該廳下ニ至リ實地ニ就キ牛疫病勢豫防制遏ニ從事シテ大ニ得ル所ガアルノヲ認メマシタガ之ガ爲メニ學科ノ補缺ヲスルノ必要ヲ生ジマシテ猶ホ二箇月間授業ヲ延期スルコトニシマシタ茲ニ初メテ制規ノ獸醫學科ヲ修得セシメ考試ヲ全フスルコトガ出來タノデアリマス獸醫講習生ハ初メ十五名ノ入學ヲ許可シマシタガ一名ハ事故ノ爲メ退場ヲ願ヒマシタ故今日十四名ノ卒業生ヲ出スコトニナリマシタ誠ニ短日月ノ間ニ大意ノ講習ヲシタニ過ギナイノデアルカラ或ハ不充分ノ點モアリマシヤウガ先ヅ農家ノ畜産或ハ獸醫ノ助手トシテハ相當ノ力ヲ有スルモノト信ジマス概略ヲ述ベテ報告トシマス

第一回獸醫講習生卒業生氏名

廳名	氏名	廳名	氏名
臺北廳	楊漢龍	苗栗廳	蕭慰輝
南投廳	張守經	斗六廳	楊成材
彰化廳	王尊仁	苗栗廳	吳和安
彰化廳	謝朝	宜蘭廳	石圭璋
斗六廳	吳光明	深坑廳	高火生
新竹廳	蔡德盛	桃園廳	陳木水
嘉義廳	吳澄坡	鳳山廳	吳克禮

○衛器一部修覆營業繼承許可　蕃薯寮廳下衛器一部修覆者波方鶴次郎本年二月九日死亡ニ因リ矢野善一郎ニ對シ本月二十七日營業繼承許可セリ

○衛生

○中毒　明治三十九年中ニ於ケル中毒患者及死亡數左ノ如シ

先祖蕭水妹以苗栗廳蕭慰輝之名再次出現在〈臺灣總督府報〉，是第一屆的獸醫講習生（圖片來源：國史館臺灣文獻館數位典藏計劃）

一九〇四年七月七日，《臺灣總督府報》刊載了「農事試驗場講習生入場人名」，獲準成為農事試驗場講習生名單，先祖以蕭慰輝之名出現其中：「臺北廳：楊漢龍、王秋冬。宜蘭廳：石圭璋、黃澄秋、李波。深坑廳：高德發、高火生、高江河。桃仔園廳：陳木水。新竹廳：黃捷發、黃何清、蔡阿祥、蔡德盛。苗栗廳：吳和母、范清水、蕭慰輝。臺中廳：張廖沂、劉日清、劉阿漢。彰化廳：張天水、陳煥英、王尊仁、謝朝。南投廳：簡瑞花、林廷俊、張守徑。斗六廳：吳光明、楊成材。嘉義廳：吳澄波、韋萬得、鄭白皮。鹽水港廳：林瀛州。臺南廳：鄭賡颺、何聯甲。鳳山廳：李孫籯、吳克禮。阿猴廳：謝成和、鐘連益、謝信安、李聯喜。」

一九〇七年三月二十九日《臺灣總督府報》刊載，於三月二十三日舉行臺灣總督府農事試驗場獸醫講習生第一回畢業證書授與儀式，並公告畢業生名單，參加「獸醫講習生卒業證書授與式」的長官為臺灣總督府農事試驗場長代理小田代慶太郎、民政長官代理鹿子木小五郎、殖產局長竹島慶四郎、臺灣總督府醫學校長高木友枝，臺北廳長佐藤友熊、臺灣總督府技師長崎常與，以及教務主任代理內藤健行，

卒業獸醫講習生為：

臺北廳：楊漢龍
南投廳：張守經
彰化廳：王尊仁、謝朝
斗六廳：吳光明、楊成材
新竹廳：蔡德盛
嘉義廳：吳澄坡
苗栗廳：蕭慰輝、吳和安
宜蘭廳：石圭璋
深坑廳：高火生
桃園廳：陳木水
鳳山廳：吳克禮

根據一九一五年（大正四年）三月二十日由臺灣總督府農事試驗場發行的《臺灣總督府農事講習生一覽》，農業講習生的課程內容：修身、國語、數學、博物、農學、土壤、肥料、作物、園藝、病蟲害、畜產、獸醫、林學、測量、體操及實習。包含了經濟作物的種苗種植、植物病理、改良、水稻害蟲與其他昆蟲的相關知識。獸醫講習生的課程內容：修身、國語、漢文、數學、理化、生理、解剖、藥物、

臺灣總督府農事講習生一覽

第一章 沿革

明治三十三年十一月元臺北縣農事試驗場ニ於テ農事講習生五名同月元臺南縣農事試驗場ニ於テ農事講習生七名ヲ入場セシム是レ農事講習生募集ノ濫觴ナリ

明治三十四年十一月勅令第二〇一號ヲ以テ總督府官制改革アリ廢縣置廳ノ制トナルヤ從來臺北臺中臺南ノ三縣ニ隷屬セシ三農事試驗場モ亦廢廳ニ歸シ同年十二月訓令第四二九號ヲ以テ臺北臺中臺南ニ總督府農事試驗場ヲ設ケラル

明治三十四年十二月臺北農事試驗場ニ於テ農事講習生呂安邦外三名ニ卒業證書ヲ授與ス

明治三十四年十二月二十五日總督府技師農學士藤根吉春臺南農事試驗場長ヲ同青柳定治臺北農事試驗場長ヲ命セラル

明治三十四年十二月告示第四一號ヲ以テ農事試驗場講習生規程ヲ發布セラル

明治三十五年一月十五日臺北農事試驗場長青柳定治臺中農事試驗場長兼務ヲ命セラル

明治三十五年四月臺南農事試驗場ニ於テ農事講習生潘良時外四名ニ卒業證書ヲ授與ス

明治三十五年五月六日臺北農事試驗場ニ於テ第一回總督府農事講習生七名ヲ入場セシメ尋イテ八月十

五日ニ至リ更ニ十二名ヲ入場セシム

明治三十六年七月十日臺北農事試驗場ニ於テ第二回農事講習生十二名ヲ入場セシメタルモ中途退場者數名ヲ生セシヲ以テ同年九月補缺トシテ更ニ七名ヲ入場セシム

明治三十六年十月十二日農學士川上瀧彌臺中農事試驗場長心得ヲ命セラル

明治三十六年十一月告示第一一五號ヲ以テ臺北、臺中、臺南三農事試驗場ヲ廢シ新ニ總督府農事試驗場ヲ臺北ニ設置ス是ニ於テ臺南農事試驗場講習生六名臺北農事試驗場講習生十五名合セテ二十一名ヲ收容セリ

明治三十六年十二月十八日殖産局長心得農學博士新渡戸稻造ニ場長兼務ヲ命セラレ總督府技師農學士藤根吉春主任トナル

明治三十七年五月告示第七一號ヲ以テ農事講習生規程ヲ改正セラル

明治三十七年七月十日第三回農事講習生五十名ヲ入場セシム

明治三十七年六月十八日第一回農事講習卒業生劉宗海外十一名ニ卒業證書ヲ授與シ同修業生高神祇外一名ニ修業證書ヲ授與ス

明治三十七年六月二十七日場長農學博士新渡戸稻造京都帝國大學法科大學敎授ニ轉任シタルヲ以テ主任藤根吉春其ノ後任トナル

明治三十八年六月三十日第四回農事講習生九十二名ヲ入場セシム

明治三十八年六月二十二日第二回農事講習卒業生郭國士外十三名ニ卒業證書ヲ授與ス

明治三十九年六月三十日第五回農事講習生九十七名ヲ入場セシム

明治三十九年四月四日內地留學生ニ關シ府議決定セラル

明治三十九年四月七日第一回內地留學生郭國士外二名ヲ熊本縣立熊本農學校ニ入校セシム

明治三十九年六月二十一日第三回農事講習生楊振龍外二十四名ニ卒業證書ヲ授與シ同修業生杜明傳外五名ニ修業證書ヲ授與ス

明治三十九年七月獸醫科ヲ新設シ同月四日第一回獸醫科講習生楊振龍外十四名ヲ入場セシム

明治四十年六月三十日第六回農事講習生八十六名ヲ入場セシム

明治四十年二月二十三日第一回獸醫科卒業生楊振龍外十三名ニ卒業證書ヲ授與ス

明治四十年三月二十三日第二回內地留學生蔡龜齡ヲ愛知縣立農林學校ニ入校セシメ同張守經外一名ヲ大阪府立農學校ニ入校セシム

明治四十年六月二十二日第四回農事講習卒業生白玉光外五十四名ニ卒業證書ヲ授與シ同修業生何友梅外四名ニ修業證書ヲ授與ス

明治四十年七月林業科ヲ新設シ同月一日第一回林業科講習生賴青山外十四名ヲ入場セシム

獸醫科卒業生

第一回

(明治四十年二月卒業)

公學校雇	洪再生	臺東
自營農	クラナイ	同
公學校雇	マトノツタ	同
自營農	テンラ・イ	同
前出	楊漢龍	前出
同	張守經	同
同	王峯仁	同
同	謝朝	同
同	吳光明	同
同	蔡龜盛	同
同	吳澄坡	同
同	蕭慰輝	同

大正四年三月二十日臺灣總督府農事試驗場發行的〈臺灣總督府農事講習生一覽〉第一屆獸醫講習生，明治四十年二月卒業，曾祖父以蕭慰輝一名出現（右下圖）

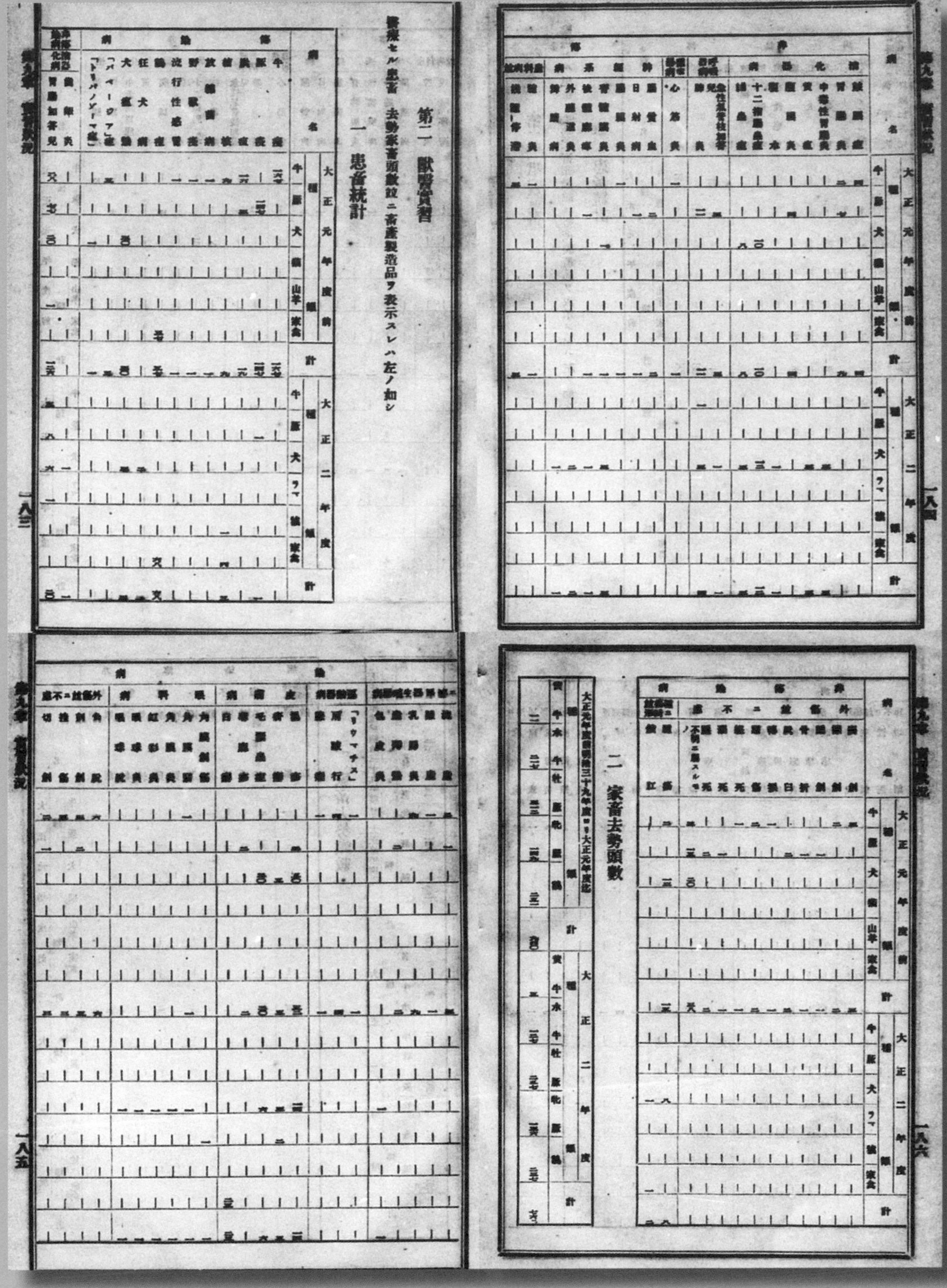

第二 獸醫實習

檢案セル患畜 去勢家畜頭數並ニ畜産製造品ヲ表示スレハ左ノ如シ

一 患畜統計

二 家畜去勢頭數

大正四年三月二十日臺灣總督府農事試驗場發行的〈臺灣總督府農事講習生一覽〉獸醫實習項目

臺灣總督府農事試驗場講習生甲科林業科獸醫科卒業生職員及來賓

內科、外科、寄生動物、眼科、病理、細菌、產科、衛生、獸醫警察、診斷、畜產、體操、實習。大正元年與次年度的實習課程包括了家畜與家禽的繁殖、飼養、去勢，牛疫、豚疫、結核、流行性感冒、狂犬病跟犬瘟熱等等，以及牲畜的外傷、齒齦炎、胃腸、眼疾、消化器官與神經系統的病變。

日本在臺灣延續對於實業教育的重視，並以農業教育為重點目標，積極培養各級農業人才。臺北農事試驗場後來逐步演化為臺灣總督府農林專門學校、臺灣總督府高等農林學校與臺北帝國大學附屬農林部。一九一九年一月四日，第一次《臺灣教育令》發布，同年四月十八日公布臺灣總督府農林專門學校官制，初期只招收三年制的豫科，三年後改制為臺灣總督府高等農林學校，並遷入農事試驗場全面取代原本的農事講習，招收豫科、農業科及林業科學生。

一九二二年（大正十一年）三月三十一日，原名臺灣總督府農林專門學校升格改稱為臺灣總督府高等農林學校，並於一九二四年創立其實習農場。一九二七年（昭和二年）五月，又改稱臺灣總督府臺北高等農林學校。

在一九一九年六月十六日的《臺灣日日新報》刊

載了「農林專門入學式」，新設總督府農林專門學校入學許可者，本月十六日午前八時假校舍即總督府舊廳舍舉行入學式，學務部長與其他學市關係者參加列席，並將豫科第一學年許可入學者姓名詳列。兩日後，六月十八日的臺灣日日新報漢文版亦有一刊載：農林學校入學式，下村長官臨場。內文為：

「督府農林專門學校。去十六朝八時起。於督府舊衙門舉行入學式。下村長官。帶豐原屬臨場。阿部校長署理訓示。間論勞動價值而勵以人格宜重。思想宜高。長官訓示。中有現時本島子弟。實是幸福。由各方面觀之。較諸已往良有霄壤之判。自一面言之。學問之力。統治之力。諸子可謂生於好機會者。宜體教養趣旨。益加勉勵之話。九時頃。式終。長官更巡視校舍。是日臨席者列有隈本學務部長。太田視學官。守屋。土性兩視學云。」

一九二一年（大正十年），「臺灣總督府高等農林學校」遷入農事試驗場。一九二八年（昭和三年）時被併入「臺北帝國大學附屬農林專門部」。一九四三年（昭和十八年），脫離臺北帝國大學遷往臺中，改為「臺灣總督府臺中高等農林學校」，即現今的中興大學。

農專入學試驗

▽志願者は注意

總督府農林專門學校にては目下豫科生徒募集中の處今回入學試驗科目場所、期日及び區域を左の如く決定發表せられたり而して第一、第二次試驗とも出頭時間は午前七時三十分なりと云へば各志願者は當日指定の場所に出頭受驗すべしと

▲第一次試驗

試驗場	期日	科目	區域
各出身廳	五月十九日	國算	臺北廳下出身者は臺北師範學校

▲第二次試驗

試驗場	期日	科目	區域
臺北師範	五月二十日	口試、體檢	臺北 宜蘭 新竹
臺中高普	同	同	臺中 南投
臺南師範	同	同	嘉義 臺南 阿緱

尚ほ第一次試驗に合格の者にあらざれば第二次試驗を受くることを得ざるものにて右表八廳以外の出身者の第二次試驗は追て之れを行はるべく又入學期日、學資金、學用品其他必要なる事項は追て之れを通知すべしと

一九一九年五月十日，日日新報刊載了「農專入學試驗」考場事宜

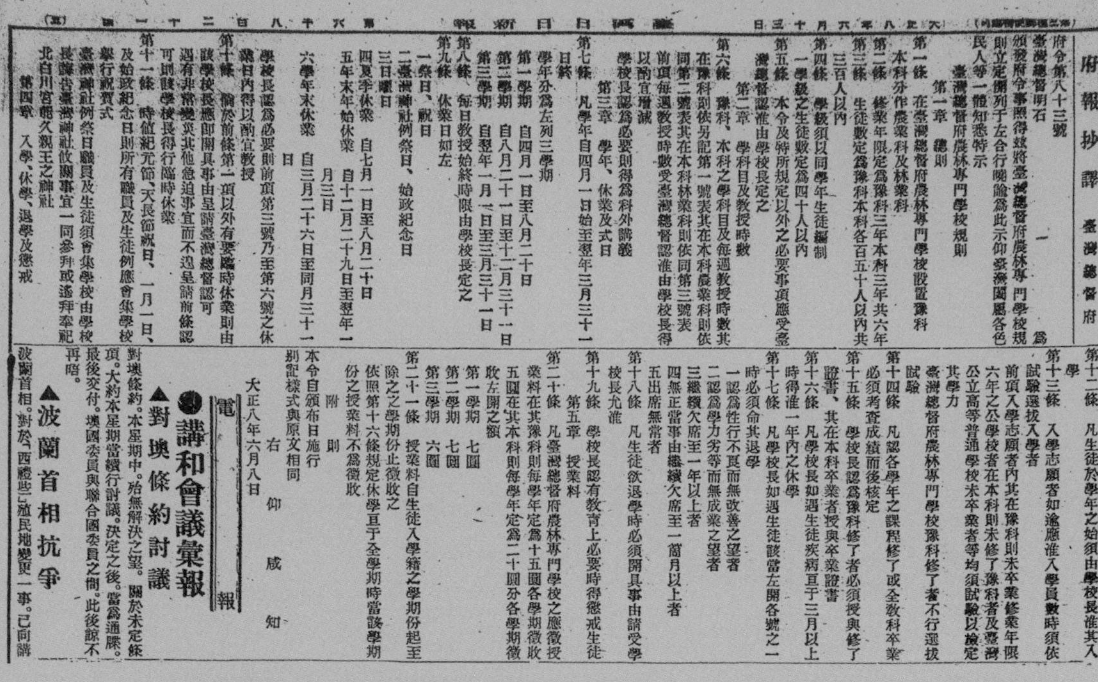

(大正八年六月十三日) 臺灣日日新報 第六千八百二十一號 (五)

府報抄譯　臺灣總督府

府令第八十三號
臺灣總督明石
頒發府令事照得玆將臺灣總督府農林專門學校規則立定開列于左合行曉諭爲此示仰臺灣闔屬各色民人等一體知悉特示　　一　　爲

臺灣總督府農林專門學校規則

第一章　總則

第一條　在臺灣總督府農林專門學校設置豫科本科分作農業科及林業科
第二條　修業年限定爲豫科三年本科三年共六年
第三條　生徒數定爲豫科本科各百五十人以內共三百人以內
第四條　學級須以同學年生徒編制一學級之生徒數定爲四十人以內
第五條　本令及特所規定以外之必要事項應受臺灣總督認准由學校長定之

第二章　學科目及教授時數

第六條　豫科、本科之學科目及每週教授時數其在豫科則依另記第一號表其在本科農業科則依同第二號表其在本科林業科則依同第三號表前項每週教授時數受臺灣總督認准由學校長得以酌宜增減
學校長認爲必要則得爲科外講義

第三章　學年、休業及式日

第七條　凡學年自四月一日始至翌年三月三十一日終
學年分爲左列三學期
第一學期　自四月一日至八月二十日
第二學期　自八月二十一日至十二月三十一日
第三學期　自翌年一月一日至三月三十一日
第八條　每日教授始終時限由學校長定之
第九條　休業日如左
一祭日、祝日
二臺灣神社例祭日、始政紀念日
三日曜日
四夏季休業　自七月一日至八月二十日
五年末年始休業　自十二月二十九日至翌年一月三日
六學年末休業　自三月二十六日至同月三十一日
學校長認爲必要則前項第三號乃至第六號之休業日內得以酌宜教授
第十條　關於前條第一項以外有要臨時休業則由該學校長應即開具事由呈請臺灣總督認可
遇有非常變災其他急迫事宜而不遑呈請前條認可則該學校長得行臨時休業
第十一條　時値紀元節、天長節祝日、一月一日、及始政紀念日則所有職員及生徒例應會集學校擧行祝賀式
臺灣神社例祭日職員及生徒須會集學校由學校長引率詣臺灣神社啟關事宜一同參拜或遙拜奉祀北白川宮能久親王之神社

第四章　入學、休學、退學及懲戒

第十二條　凡生徒於學年之始須由學校長准其入學
第十三條　入學志願者如逾應准入學員數時須依試驗選拔入學者
前項入學志願者內其在豫科則未卒業修業年限六年之公學校者在本科則未修了豫科者及臺灣公立高等普通學校未卒業者等均須試驗以檢定其學力
臺灣總督府農林專門學校豫科修了者不行選拔試驗
第十四條　凡認各學年之課程修了或全教科卒業必須考查成績而後核定
第十五條　學校長認爲豫科修了者必須授與修了證書、其在本科卒業者授與卒業證書
第十六條　凡學校長如遇生徒疾病亘于三月以上時得准一年內之休學
第十七條　凡學校長如遇生徒該當左開各號之一時必須命其退學
一認爲性行不良而無改善之望者
二認爲學力劣等而無成業之望者
三繼續欠席至一年以上者
四無正當事由繼續欠席至一箇月以上者
五出席無常者
第十八條　凡生徒欲退學時必須開具事由請受學校長允准
第十九條　學校長認有教育上必要時得懲戒生徒

第五章　授業料

第二十條　凡臺灣總督府農林專門學校之應徵授業料在其豫科則每學年定爲十五圓各學期徵收五圓在其本科則每學年定爲二十圓分各學期徵收左開之額
第一學期　七圓
第二學期　七圓
第三學期　六圓
第二十一條　授業料自生徒入學籍之學期份起至除之之學期份止徵收之
依照第十六條規定休學亘于全學期時當該學期份之授業料不爲徵收
附　則
本令自頒布日施行
別記樣式與原文相同
右　仰　咸　知
大正八年六月八日

電報

●講和會議彙報

▲對墺條約討議

對墺條約。本星期中。殆無解決之望。關於未定條項。大約本星期當續行討議。決定之後。當爲通牒。最後交付。墺國委員與聯合國委員之間。此後諒不再晤。

▲波蘭首相抗爭

波蘭首相。對於「西禮些」殖民地變更一事。已向講

一九一九年 六月十三日，日日新報刊載了臺灣總督府農林專門學校規則

高等農林學校
新入學者

總督府高等農林學校では二十四日第二回豫科修了式を擧行したが授證者は二十六名で優等生林開煥に對して木村匡氏の賞品が授與された今回の修了生の志望學科は林業科十四名農業科十二名であると尚入學試驗の結果は新制一學年に入學を許可された者の氏名左の如し

今川知和(福岡)池田茂(佐賀)橋本不器生(福岡)木谷七次(石川)國谷正次(石川)大畑光章(埼玉)大園主一(石川)鶴淵繁雄(長崎)小野勇(福岡)岡村正久(福岡)川上親義(鹿兒島)菅島秀雄(宮崎)與那原良堅(沖繩)田井總藏(高知)高橋友巳(長崎)高科秀二(栃木)高橋誠(長野)中坪正好(富山)上西隆毅(鹿兒島)内田稔也(山口)工藤實毅(大分)桑江良正(沖繩)山本勝利(愛媛)松尾勝一(長崎)富名腰尚友(沖繩)古賀照行(佐賀)赤木四郎(岡山)安座間好德(沖繩)佐藤民雄(新潟)佐竹恭一(京都)齋藤克巳(山形)溝淵政一(香川)平山次雄(福岡)森川勝雄(栃木)以上

一九二三年三月二十七日，大正十二年臺灣總督府高等農林學校入學許可

農友會與農窓會

「臺灣農友會」是由總督府農試試驗場所成立，主要為團結農事講習卒業生，成立《臺灣農友會會報》，除了交換農事心得，並成為農業新知交流的平臺，後改名《臺灣農事報》。在《臺灣農友會會報》第三號中，農學博士新渡戶稻造發表了「農業之武士道」演說稿，該稿為一九〇六年（明治三十九年）二月十三日為農事試驗場講習生所作的演說，以日本武士道精神比喻，訓育講習生當有武士之精神。在一九〇五年四月十五日農友會會員名簿中，農事試驗場包括了藤根吉春、川上瀧彌、西壯太郎、吉田碩造、掘健以及日後著名的植物學家島田彌市等人，農事講習生則列為通常會員，蕭水妹在此時期的名字「蕭慰輝」也出現在列。「臺灣農友會」後來發展為全島農會之交流機關，因此在六年後專為農事試驗場卒業生組織了「臺灣農窓會」。

「臺灣農窓會」為臺灣總督府中央研究所農業部所設置的會員制組織，組織成員為中央研究所農業部長官與農事試驗場卒業生，並且發行期刊《臺灣農窓會報》。由全體農事試驗場卒業生所組成的農窓會會員名單，蕭慰輝已經改為蕭水妹，只是籍貫仍屬於新竹支部，在每位農事試驗場卒業生名字底下，紀錄了卒業科別與卒業年次、本居地、現住所，並且載明從事職業與工作單位。

「臺灣農窓會」會員組織分為名譽會員、贊助會員與正會員。名譽會員為推薦制具學識名望者，贊助會員為對於該會成立旨趣認同贊助者，正會員則是舊總督府農事試驗場及中央研究所農業部出身者。在農窓會本部設置了會長、副會長、評議員，會長為臺灣總督府中央研究所農業部長兼任，副會長與評議員皆為中央研究所農業部中職員，且由農業部長任命囑託。各州廳支部則設立了支部長及幹事若干名，支部長為各州廳技師、勸業課課長及庶務課課長，由農業部長任命囑託，幹事必須為正會員及地方州廳職員，各支部長指定推薦者且由農業部長囑託，初期任期為兩年，昭和十年後修改為五年。幹事們必須募集會報材料通報本部，會員動態調查於每年五月與十月的兩次通報，另外還必須負責會費的徵收。

在一九三〇年（昭和五年）十二月三十日所發行《臺灣農窓會報》第十四號的臺灣農窓會役員氏名中，本部會長為農學博士（中央研究所農業部長）

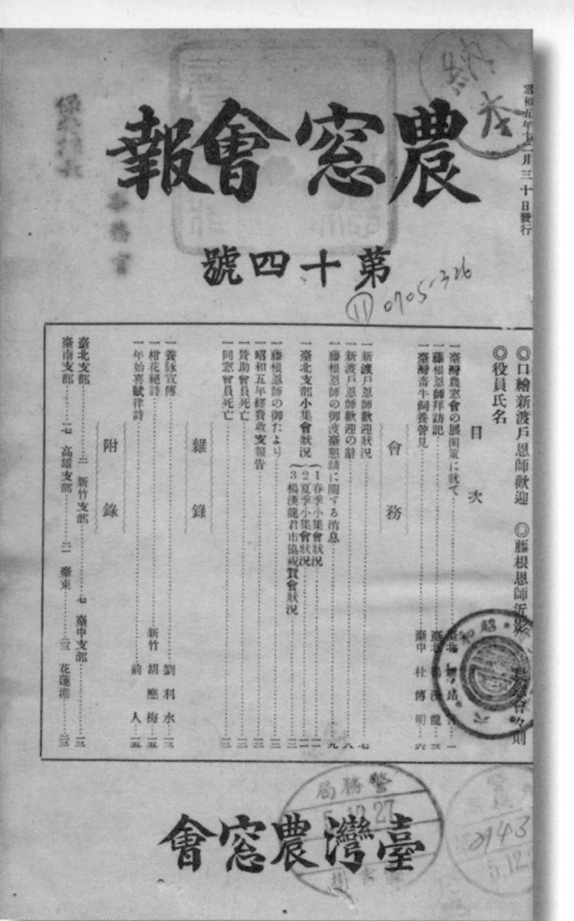
昭和五年十二月三十日發行
農窓會報
第十四號
◎口繪　新渡戸恩師歡迎　◎藤根恩師近影　◎農窓會々則
◎役員氏名
目次
會務
一臺灣農窓會の展開策に就て……臺北 [illegible]……一
一藤根恩師拜訪記……臺北 楊漢龍……三
一臺灣畜牛飼養管見……臺中 杜傳明……六
一新渡戸恩師歡迎狀況……七
一新渡戸恩師歡迎の辭……八
一藤根恩師の御渡臺懇請に關する消息……九
一臺北支部小集會狀況（1春季小集會狀況 2夏季小集會狀況 3楊漢龍君市協議祝賀會狀況）……一一
一藤根恩師の御たより……一三
一昭和五年經費收支報告……一三
一贊助會員死亡……一三
一同窓會員死亡……一三
雜錄
一養豚宣傳……劉利水……一三
一柑花絕詩……新竹 胡應梅……一五
一年始喜賦律詩……前人……一五
附錄
臺北支部……二　新竹支部……七　臺中支部……一三
臺南支部……一七　高雄支部……二一　臺東……二三　花蓮港……二三
臺灣農窓會

昭和五年十二月三日發行之〈農窓會報〉

大島金太郎，副會長為農學博士素木得一，名譽會員為藤根吉春、高田元治郎、鈴木真吉，贊助會員則有吉田碩造、小田代慶太郎、池田競、井街顯、磯永吉、石田研、菅野修一郎、千葉豐治、島田彌市、惠澤貞次郎、山田拍採、中野八郎、山口次人、牧茂市郎、中野勝馬、荒卯三郎、小野新市、張佳期、李聯捷、邱振威、石井仁三郎、井源英市、霜新八郎、鈴田巖、白勢寬治、奧村音三郎、杉本正篤、澤田兼吉、尾方保見、平間惣三郎、月原德逸、稻村宗三、北原雄士、鳩野修造、佐土原喜熊、中島佑清、小河虎之介、深見太治、盛權之助、松田八平、三代杉藏、山本博翠。

一九三七年十二月二十八日《臺灣農窓會報》第十六號，會長為澁谷紀三郎，副會長為山田拍採，而吉田碩造、磯永吉與島田彌市等十一人皆為評議員，名譽會員包括了藤根吉春、磯永吉、素木得一、平間惣三郎、月原德逸等人，在這一期《臺灣農窓會報》中，蕭水妹時任高雄支部（高雄州勸業課）幹事。編輯與發行人為幹事長楊漢龍，楊漢龍與蕭水妹為農事試驗場農科與獸醫科講習生的同期且同班同學，時任臺北市議員，與辜顯榮友好，皆是「南方館大稻埕助成會」的成員，當時藉由臺籍人士商業團體的運作，使得一九三五年「始政四十週年紀念臺灣博覽會」同意設立分館於大稻埕。也或許這層關係，家族長輩提過當時在國民政府來臺後，遭逢困頓，一度曾受到辜家協助覓職。

昭和十年，臺灣農窓會全島大紀念寫真，前排坐者包括了磯永吉與素木得一

農窓會役員及會員名簿

(一) 農窓會役員

本部

會長 農學博士 澁谷紀三郎
副會長 農學士 山田拍採
評議員 農學士 吉田碩造
同 農學博士 磯永吉
同 農學博士 杉本正篤
同 農學士 鈴田巖
同 島田彌市
同 澤田兼吉
同 小野新市
同 北原熊土
同 小河虎之介
同 稻村宗三
同 尾方保見
幹事長 楊淡龍
幹事 郭國士
同 林學周
同 李阿保
同 鄧復生

昭和十二年農窓會役員及會員名簿，磯永吉與島田彌市皆為評議員

幹事 虎尾郡 陳發瑩
同 北港郡 楊邊雄
同 東石郡 蘇宇

高雄支部

支部長 高雄州勸業課 同 農學士 犬飼閒碩
幹事 高雄市 潘致祥
同 岡山郡 蕭水妹
同 鳳山郡 張明智
同 旗山郡 陳少
同 周佳用
同 屏東郡 李朝福
同 陳福安
同 楊福壽
同 潮州郡 鐘石雲
同 陳耀恭
同 東港郡 唐石愛
同 鄭欽麟
同 陳水生
同 恒春郡 韓添風

(二) 會員

名譽會員

岩手縣盛岡市下小路五七 農學士 藤根吉春

昭和十二年農窓會役員及會員名簿，蕭水妹為高雄州勸業課幹事之一

第三章

甘蔗、甘蔗。

在找尋資料的過程裡，儘管中央大學歷史系江佩津的碩士論文〈日治時代臺灣的農業教育〉討論了日治時代臺灣的農業教育與農事試驗場，卻仍遺漏了許多在日治時期總督府工作的臺籍人士與相關資料，幾經查照，蕭水妹的名字確實未列在其中。夜闌人靜，紙張翻動的聲音顯得特別清晰，筆者彷彿聽到被歷史潮浪淹沒的嘆息聲。米歇爾・傅柯（Michel Foucault）揭示了「權力話語」（Power Discourse），在權力結構的衝突與支配下，時間不斷往前推進與積累的過程中，文學、科學、哲學、宗教與法律各自逐漸形成獨特與封閉的話語系統，延展、繁衍成龐大話語集。在任何時代的社會結構運作中，無形的機制起著我們看不見的作用，在這些規則下，話語永遠被擁有權力的意志所作用著，刻畫著權力的痕跡，我們可以說「話語」即是「權力」，而「知識」也在社會中受到各種權力關係的宰制。在臺灣的歷史書寫與話語詮釋當中，意識型態轉變下一些日治時期史料終於浮現，然而話語權的真相並未得到真正的揭露。

一、農業試驗所

有學者張靜宜在〈臺灣總督府農業試驗所之研究——以「戰爭協力」為中心〉一文中，認為嘉義農

攝於昭和十七年到二十年間的家族合影．中間著日本文官制服為筆者的曾祖父蕭水妹．時任高雄州農會岡山分會技手．左起第二位坐著．白衣褲者為筆者祖父蕭啟堂。（圖片來源：家族收藏）

業試驗支所長平間惣三郎，是臺灣甘藷及棉花品種的改良及試驗研究的先驅者。然而，日治時期，日人掌握了各方面的話語權，許多基層技術人員的聲音被刻意隱藏，如同許多農業試驗場的卒業講習生進入了各地農會與製糖會所從事基層的農業技術工作並參與許多作物的育種改良，蕭水妹可能在嘉義試驗所時期除了接觸到了蓬萊米與甘藷的育種改良，並且來到了現在彰化縣田中鎮附近的甘蔗試驗場工作。

在無相關文本佐證下，無法得知蕭水妹曾在哪一個農場或製糖所協助試驗，在長者的記憶裡，只提及那是在彰化縣田中鎮附近的甘蔗農場，農場裡有許多牛隻。除了參與過蓬萊米的改良，蕭玉英與蕭玉雲具體指出甘藷臺農九號是由曾祖父所育種、改良完成。在口述中，蕭水妹在田中鎮居住期間經由介紹遇到了他的第二任妻子吳鑾，住在二水鎮寡居的吳鑾，原是臺中豐原人士，與第一任丈夫育有一子謝文理。從蕭水妹與吳鑾所生長子蕭啟堂的時間與地點，僅大約推斷在一九一八年（大正七年）至一九二二年間（大正十一年）蕭水妹曾任職於臺灣總督府熱帶農事試驗場嘉義支場。一九二二年蕭水妹當時遷往岡山郡役所工作，蕭啟堂於是在

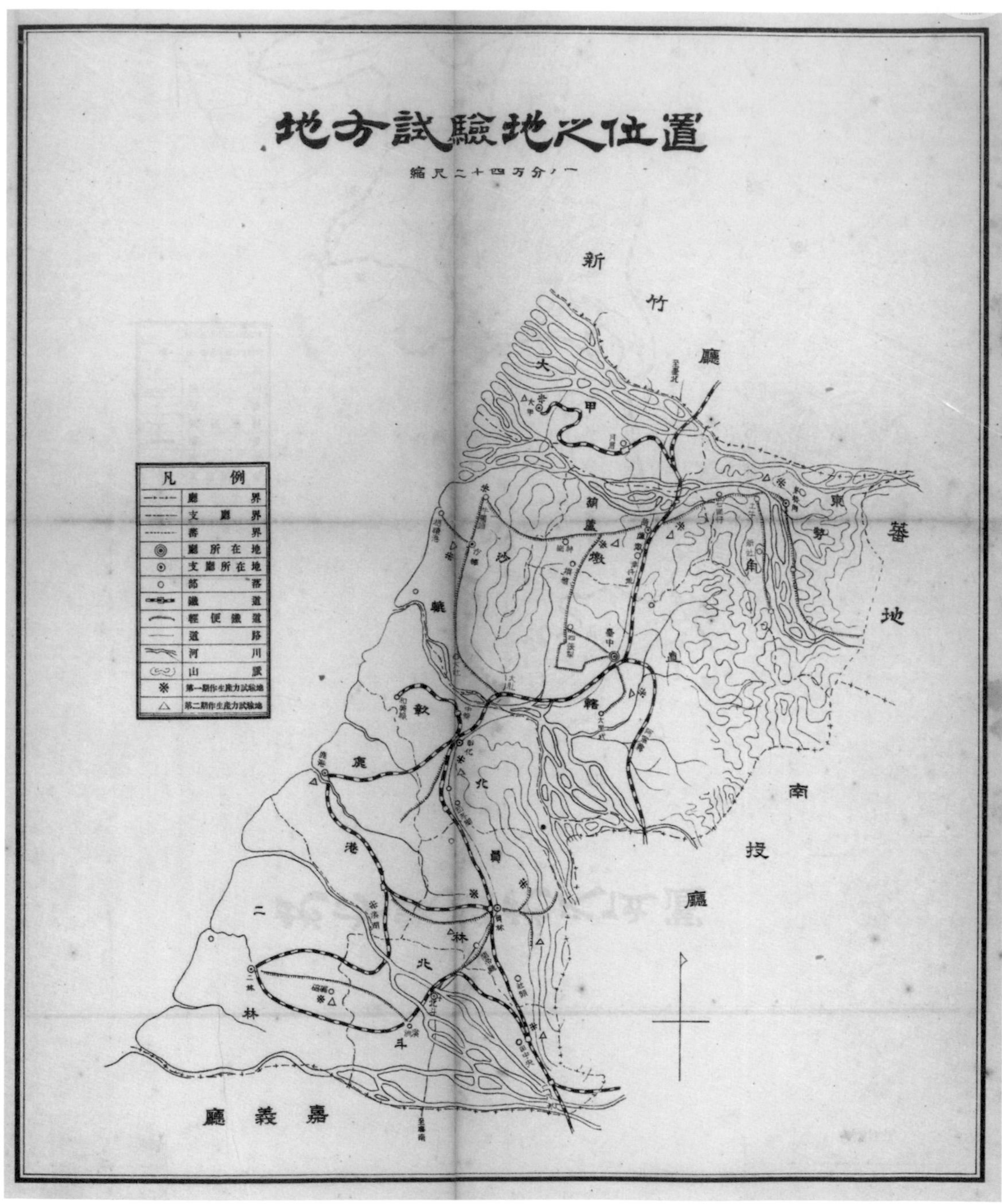

彰化田中鎮曾是蕭水妹居住過的地點。地圖為臺中廳農會地方試驗地之位置（圖片來源：《大正8年六月—稻育種事業—第四輯》）

高雄岡山出生。在蕭啟堂妻子陳換的口述中，召喚了另一場追尋，陳換、蕭玉英與蕭玉雲分別提到蕭水妹曾參與蓬萊米改良與甘藷臺農九號的育種，我試圖找出蓬萊米改良的兩位主要人物磯永吉、末永仁與蕭水妹間的關係。根據「臺灣總督府職員錄」一九二二年至一九二九年（昭和四年）間，磯永吉任職中央研究所嘉義農事試驗支所技師，而末永仁則自來臺後長期在臺中州立農事試驗場任職產業技師。

拼湊著年表上的空白，嘉義農事試驗支所或許是蕭水妹下一個生命的節點。一九一八年，臺灣總督府於嘉義設置熱帶農事試驗場嘉義支場，專司熱帶農業的相關研究及實驗等工作。臺灣總督府農事試驗場嘉義支場及民政部殖產局附屬園藝試驗嘉義支場，分別研究熱帶農園藝作物。臺灣總督府在一九二一年將臺灣各農業研究單位整備為中央研究所農業部，八月，兩支場合併為中央研究所嘉義農事試驗支所，一九三九年又改組為臺灣總督府農業試驗所。幾經政府行政體系更迭，一九九九年七月改隸行政院農業委員會農業試驗所嘉義農業試驗分所，根據農試所網頁，設有農藝、園藝及植物保護等三系。「農藝系」以研究水稻、甘藷及農業機械改良為主。「園藝系」研究範圍包括熱帶與亞熱帶果樹與花卉之保育及栽培試驗。「植物保護系」主要研究作物病蟲害防治，以及有益微生物之開發利用。對照姑婆的記憶，除了時間與事件，更與當時熱帶農事試驗場嘉義支場所改良的主要項目吻合：水稻與甘藷。

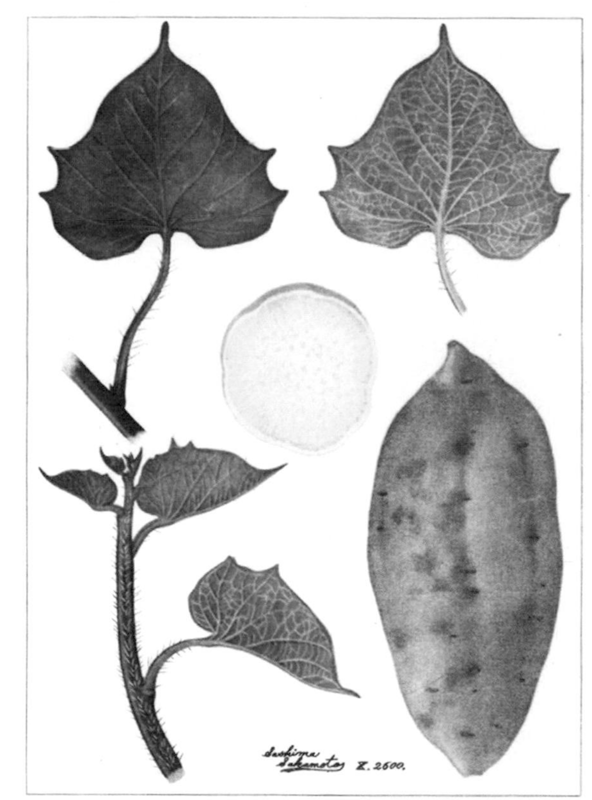

甘藷臺農九號育種是蕭水妹家族口述歷史的事蹟（圖片來源：《甘藷優良品種竝に主なる在來品種圖譜》）

二、米糖相剋與米穀統制法

手記裡記載著大崗山製糖工場、橋仔頭製糖工場與蓬萊製糖工場的產量，作為一個日治時期由總督府所培育的農業技術人員，蕭水妹的工作、生命史與臺灣總督府的各項農業政策總有著千絲萬縷的關連，探詢其足跡，幾乎與日治時期臺灣這個島嶼上的農業發展密合。從農事試驗場講習生到高雄州農會技手，「米糖相剋」、「米穀統制」，這些關鍵字成為了解他日常生活的主要素材。

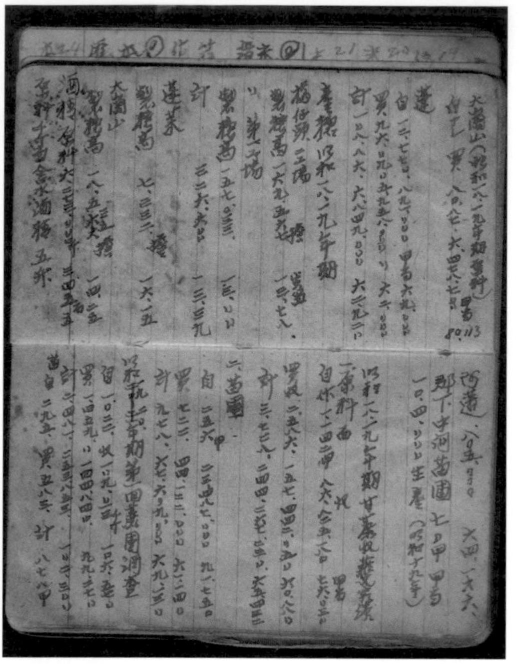

蕭水妹昭和日記中記載的甘蔗製糖產量

今期製糖作業

▲臺東製糖を殘すのみ

▲今期產糖大勢決定す

本島新式製糖會社の今期製糖作業に五月二十八日帝國製糖の終了を以て一段落を告げたるも唯だ臺東製糖のみは鐵道輸送不良の關係上作業に大影響を與へ來る二十五日頃を以て終了を告ぐべき豫定なるがさて今期產糖の大勢は如何と云ふに製糖作業の終了に伴ひ產糖も略ぼ明白となり目下の處にては先づ分蜜糖四百三十五萬擔前後の產額あるもの、如く而して改良糖廍及び舊式糖廍の赤糖作業も亦た殆ど全部終了を告げたれど未だ其の產額は判明せざるも多分五十萬擔前後なるもの、如く分蜜糖及び赤糖の全產額を合すれば先づ四百九十萬擔乃至五百萬擔に達するに至るべしと

一九一九年 六月 八日．日日新報日文版上關於製糖作業之新聞稿

在《臺灣日日新報》一九一九年（大正八年）六月九日（一九〇六九，六八一七號）上，刊載了「本期製糖完廍」：「本島新式製糖會社。本期作業。以去月二十六日。帝國製糖完廍。告成一段落。唯臺東製糖。以鐵道輸送。弗能如意。訂來二十五日完廍。本其所出。分蜜糖凡有四百三十五萬担。改良舊式兩種糖廍所製赤糖。亦已完廍。大抵五十萬担左右。二者合之。可有五百萬担矣。」，而標題為「試驗甘蔗硬度」的短文：「蔗莖硬度如何。與製糖廠壓榨機能力。大有關係。大目降糖業試驗場頃設試驗機械。試驗所於各種甘蔗。他日其硬軟程度如明。於製糖工場作業上。裨補不少云。」。在文獻考古與家族史寫作間，筆者試圖重建當

糖廠運載甘蔗的牛車

已停止運轉的臺東市臺東糖廠，舊稱臺東製糖所，原屬於臺東製糖株式會社

臺東製糖株式會社

時蕭水妹所身處的地域、環境與接觸到切身的公共事務。明治末年，日本幾個大商社，配合著總督府的糖業發展政策，改良與併購臺灣民間資本的舊式糖廍。舊式糖廍是由圓錐形的棚屋及熬糖屋構成，尚有堆蔗場及涼棚，棚屋以茅草與稻草覆蓋，以牛隻壓榨甘蔗，熬糖屋則以土瓦鋪蓋，用來煮糖。日治時期，日人積極發展現代製糖工業，以新穎機械設備取代牛力榨蔗取汁以及人工為主的舊式糖廍。

在「農業臺灣、工業日本」的目標之下，臺灣總督府的糖業政策獎勵設立大規模新式製糖廠，並與日人合作成立新式的製糖會社，營建大規模的農場，收購大量的官有地與鄰近的民有地，栽植蔗園。供糖廠壓榨的甘蔗來源有二，一是糖廠自營農場所種植，稱為自耕甘蔗；二是蔗農與糖廠訂立契約所種植，稱為約耕甘蔗。糖廠自營農場面積較大、完整、運距較短，且適宜機械化管理；約耕原料田面積小、分散、運距較長，不適宜機械化耕作。

（一）米糖相剋

明治維新後，日本全面工業化導致農業生產力下降形成糧食短缺。一八九五年，日治時期開始便將

條植競技會撮影記念
二月七日

〈彌陀庄第一回女子正條植競技會攝影紀念〉（昭和十八年二月七日）。從上至下第三排，左起第八人為先祖蕭水妹（圖片來源：家族收藏）

臺灣稻米生產納入日本糧食供需體制，並在日本統治者對殖民地經濟採行「單一商品作物」的政策下，米、糖生產幾乎佔臺灣農業總生產額的百分之七十到八十左右，米穀和砂糖產業成為臺灣農業發展的主軸。在日治初期農事試驗場與後續的總督府中央研究所的品種改良以及技術革新之下，米穀和砂糖產業的品質與其商品化的程度愈益提升。經過了在來米以及蓬萊米的的改良產出，臺灣米穀的品種改良得到了極大的成果，因此小小島國的米穀產量能夠源源不絕持續地補充日本內地的米穀需求。另一方面，隨著甘蔗農業的改良以及製糖工業的進步，臺灣砂糖的產量也不斷增加，能夠大量地供給日本全境的砂糖需求。

日治初期的稻作面積只有三十餘萬公頃，糙米產量三十餘萬公噸，一九三八年（昭和十三年）稻作面積增為六十二萬五千餘公頃，產量一百四十餘萬公噸。在四十年間稻作面積擴增一倍，糙米產量增加三・五倍。稻米大幅增產原因，除了擴增稻作面積及品種改良外，改善稻作栽培法也是重要一環，其中包括以稚苗代替老熟秧苗、推廣正條密植式插秧、獎勵拔稗、教導稻農施用肥料及病蟲害防治等，在家族收藏照片中便可看到「彌陀庄第一回女子正條植競技會攝影紀念」。

一九〇〇年（明治三十三年）十二月於東京創立的「臺灣製糖株式會社」，隔年一九〇一年一月二十二日在臺南地方法院完成設立登記，在橋頭設廠，經營廣大的蔗園及製糖工廠，為臺灣第一家新式製糖廠。一九〇二年，臺灣總督府發布臺灣「糖業獎勵規則」設置「臨時糖務局」，除了糖業之獎勵與改良，並施行「甘蔗試作場」及「糖業講習所」，正式展開糖業扶植計畫，確立臺灣糖業的基本政策，一直到戰後初期，砂糖製造業仍然是臺灣最重要的產業。

一九〇一年陳中和成立「新興製糖株式會社」，開啟臺人興建新式糖廠，後有「鹽水港製糖會社」、「大日本製糖會社」、「明治製糖株式會社」之成立。在如此糖業扶植政策下，發展了酒精、機械、造紙、肥料等週邊工業，成為日治時期的重要產業，酒精更為二次大戰時期重要物資。原料採取區域劃分，區域內的製糖廠為甘蔗原料的獨買者（monopsony），規定製糖廠有義務依事先訂定之價格收購蔗農所種植的甘蔗。然而新舊糖廠之間為了甘蔗原料，糾紛不斷，總督府於一九〇五年六月頒布「製糖場取締規則」，提供資金援助、原料確保、市場保護等新式製糖業保護方案，臺人經營的舊式製糖業被排除在獎勵之外。其第三條規定：「臺灣總督許可製糖工廠之設立或變更時，應限定其原料採取區域。原料採取區域內之甘蔗，未經臺灣總督之許可，不得運出此區域，或供製糖以外之用途。」

一九一九年，總督府指派八田與一負責規劃設計嘉南大圳，一九二〇年開始興建至一九三〇年完成，主要引曾文溪、濁水溪水灌溉農田，總長現約一六〇〇公里，灌溉農田約一五〇〇〇平方公里，使嘉南平原為臺灣地區最大穀倉，徹底改善了日治時期以前，因屯墾而埤塘堤圳散布，灌溉不便的狀況。

一九二二年，蓬萊米改良大量生產並外銷日本，糖廠為了取得甘蔗原料而和稻作農業競地的情形造成了「米糖相剋」的問題。在日治時期，臺灣的米穀和砂糖產業各自有著顯著的發展，新式製糖廠尚未發達之前，臺灣的農業經營型態依舊是以家庭式耕作的小農經營，以種植米穀、雜糧為主，一般農家倘若種植甘蔗供舊式製糖業者之所需，其栽培面積仍極為有限。由於總督府的獎勵政策與新式糖廠的積極經營，新式製糖廠大規模興起後開闢為數眾多的農場，蔗作面積在短期間之內大幅增加。糖業的興盛影響了甘蔗的收購價值，不少小農稻田即因此轉為蔗作。然而，糖廠在訂定其採集區域內的甘蔗收購價格時必須衡量農民轉作培育甘蔗的機會成本，被放棄耕種的稻作之產值必須合併估算。當稻價高昂時，蔗價若低廉，則無法收購足量的甘蔗，故米市的景氣必然會威脅到糖業的利潤，產生了兩種產業有彼此牽制的現象，在資本主義發展之下，「米糖相剋」的現象成為了米糖部門之間的嚴重矛盾。

（二）米穀統制法

一九三三年（昭和八年）「昭和農業恐慌」加上日本帝國內部米穀供應嚴重過剩，促使日本政府加強米穀方面的各項統制措施。一九三三年實施的《米穀統制法》、一九三六年的《米穀自治管理法》、一九三九年於臺灣內部實施的《臺灣米穀移出管理令》、一九四二年施行的《食糧管理法臺灣施行令》、一九四三年《臺灣食糧管理令》以及一九四四年推行的《米穀增產及供出獎勵相關特別措施》等，這些都是一九三三年開始至一九四五年日本戰敗為止，日本政府為因應米穀供應過剩或者不足採取各項米穀統制法令及措施，對殖民地臺灣產生影響，蓬萊米生產的擴大與臺日米價間的互動，日本與臺灣之間衍生出的統制生產架構，連帶影響臺灣糖價及其他農作物。

《米穀統制法》的實施，究其根源，就是日本在明治、大正年間步入工業化後，日本農村所生產的主要食糧稻米，無法滿足因人口增加而攀升的米穀需求量，加以農村人口外移的結果，導致農業勞動力不足，才會積極尋求殖民地增產米穀。然而內地

一邊稻田一邊蔗田，形成「米糖相剋」的景象
（圖片來源：胡安提供）

米價始終高於殖民地，農民及米穀中間商和大盤商見到有利可圖，選擇大量增產，而內外地的米穀生產過剩，米價跌落，就會影響內地農民的收益，導致內地米價的波動。日本在一九三三年廢止原先的《米穀法》，實施較為嚴格的《米穀統制法》，目的原是為了防制外地米（朝鮮及臺灣米）大量移日，衝擊日本米穀市場。

三、日治時期農會組織

一九二八年（昭和三年），臺灣總督府殖產局與臺灣農友會所發行的《臺灣殖產關係職員錄》中，高雄州農會岡山郡支會裡，曾祖父蕭水妹的名字被誤植為蕭水姓，時任農業技手。在二〇一〇年的《續修岡山鎮志》裡，日治時期岡山區官職員名單錄以及岡山街各公共機構職員錄也如此記載：

昭和十一年（一九三六）岡山農會支會蕭水妹技手

昭和十二年　岡山郡米穀統制組合囑託蕭水妹（臺中）

昭和十三年　高雄州農會岡山支會技手蕭水妹（臺中）

岡山郡米穀統制組合囑託蕭水妹（臺中）

昭和十四年　高雄州農會岡山支會技手蕭水妹（臺中）

昭和十五年　高雄州農會岡山支會技手蕭水妹（臺中）

岡山郡米穀統制組合囑託蕭水妹（臺中）

而在他那本手記裡，勤務地寫著高雄州岡山郡勸業課，依序記錄著職務升遷：「大正十五年（一九二六）技手補、昭和三年（一九二八）農會技手、昭和十年州技手，昭和二十年退職。」，在他的工作內容裡為甘蔗專管。金曜日、土曜日，一日一日、一頁一頁，看著那些發黃的紙頁，想著他居住於岡山十數年，每日騎著自轉車，來往於赤崁、阿蓮、岡山、梓官、燕巢、路竹、大湖一帶，巡視甘藷、甘蔗、篦麻、水稻等農作物的削瘦身影，看見他記錄著「甘蔗共同耕作團指導」及「秋季皇靈祭」，記錄著每一日氣候的轉變及風向，記錄著騎著自轉車跌落竹橋所耗費的修繕費用及全身濡濕又受傷的窘態。

一九二〇年，臺灣總督府改制臺灣各地方轄區，岡山郡，昔稱「阿公店」，管轄岡山街、阿蓮庄、路竹庄、湖內庄、彌陀庄。作為鄰近地區與阿公店溪的水陸運中心，亦為臺南府城到左營（昔日鳳山縣城）的南北必經要道，日人將「阿公店」以地標大小崗山改地名為「岡山」，並設置「岡山庄」。

○ 高雄州農會岡山支會
　支會長　五野靜輝
　參事　　山脇壽藏
　技手
　山下一士、昇清彰、蕭水妹（台中）
　林天賞（高雄）、實川茂、技手補
　磷天泥（臺北）、末松又市郎、前田正道
○ 高雄州畜產會岡山郡支會
　支會長　五野靜輝
　參事　　山脇壽藏、吉田時藏

先祖蕭水妹之名出現在《岡山鎮志》
（引自《續修岡山鎮志》）

岡山神社造營念寫真

神殿及拜殿

催物旗行列

催物假裝行列員

（圖片來源：《岡山神社造營紀念寫真帖》。
發現地：岡山嘉興國小；發現者：劉天賦）

齋主御靈代—御安置實況

社務所

催物本島芝居

催物芝居

為高雄州岡山郡役所駐地，也就是這個時候，曾祖父蕭水妹舉家來到了岡山郡役所任職，一九二二年蕭啟堂在岡山出生。爾後，交通日漸發達，發展出了岡山街，岡山郡役所便設於岡山街上。

一九二四年廢高雄郡，下轄高雄街升格高雄市，左營庄、楠梓庄、燕巢庄劃入岡山郡。田寮庄原屬旗山郡，一九三二年劃入岡山郡。楠梓庄則於一九四四年廢庄，分割併入高雄市、岡山街、燕巢庄。岡山郡於二戰結束前的轄域即今高雄市岡山區、橋頭區、燕巢區、田寮區、阿蓮區、路竹區、湖內區、茄萣區、彌陀區、永安區、梓官區等地，這些地區都是曾祖父蕭水妹的日常管轄地，他的足跡遍及。在岡山這個小鎮，蕭水妹度過了安定、閒適的十餘年，家境小康，並撫育了三男四女。

根據卓仕文所著之《臺灣農會政治角色的歷史變遷》以及李力庸的博士學位論文〈日治時期臺中地區的農會與米作（一九〇二——一九四五）〉，筆者粗略理解了農會所具有的官方色彩與曾扮演的政治角色。李力庸以臺中州農會為例，從農會與米作關係的角度，檢視農會在在來米種改良、蓬萊米種推廣、以及日治後期米穀統治中所扮演的角色與所起的作用，從而探討日治時期臺灣農會的起源、性質、組織及功能。日治初期臺灣農會是由各地方熱心於農業的士紳、商人和地主組織而成的，一九〇八年經過臺灣總督府整編後，成為由地方政府指導、且帶有各廳政府不同風格的農會制度，農會的領導核心完全由地方政府官員原班人馬組合而成，並伴隨員警的配置和保甲的運用，是一半民間半官方的組織。

一九〇八年十二月十五日，臺灣總督府以律令第十八號公布《臺灣農會規則》、《臺灣農會規則施行細則》，開始控制農會，將農會改組為強制性農民團體，農會邁入法制化。凡組織區域內的耕地、牧場、森林及原野所有者，以及經營農林業者，都必須加入農會為會員；會費亦為強制徵收，一般標準為地租額的百分之七（後調整為百分之十）以內；農會設立之時，廳長應從會員中選任五名委員，議定農會章程等，然後稟請臺灣總督認可；農會每年召開代表大會，代表依據章程規定從會員中選出，其決議權一律平等，但其決議後的眾多事項最後仍須稟請臺灣總督認可；農會設會長、副會長、評議員等幹部，會長、副會長和評議員由會員代表大會自代表中選舉產生，其他則按各廳章程從代表中選任；農會承總督監督，由廳長管理，農會會長須聽命於廳長，農會主管機關為臺灣總督府殖產局農務課。

農會法制化之開始肇因於府令第七十號所發布之《臺灣農會規則施行規則》，農民都被納入農會組織中進行管理，農會成為殖民政府控制農民的代理機關。經法制化後的農會，一九〇八年以後的臺灣農會，成為控制農產品的半政府機構，農會失去為農民爭取權益的組織身分，變成總督府的御用工具。各級農會主要負責人由地方負責人兼任，農會理事由地方行政部門任命；農會經費隨農業捐稅附加徵收，然後再撥交農會。農會的體制方面，按其組織架構可劃分為，自一九〇八年十二月至一九三八年八月的一級制時代，自一九三八年八月至一九四四年一月的二級制時代，以及一九四四年一月至日本戰敗後的三級制農業會時期。在一級制時代，農會以地方行政單位「廳」的行政管轄區域為組織區域，歷經地方官廳制度的改革、分割或合併，直至一九二六年七月一日，形成全臺五州三廳八家農會。

一九三七年，戰爭爆發之後，總督府開始進入武官統治時期，整個臺灣社會進入「戰爭動員」階段，農會的政治角色也就更加明顯，透過農會加強徵集臺灣米糧等農產品以供軍需。一九三八年八月一日臺灣總督府頒發新的《臺灣農會令》和《臺灣農會令施行規則》，同年八月二十一日，為了便於統治，臺灣農會正式成立。新的農會令明訂全臺之農會分為州廳農會及臺灣農會，州廳農會是臺灣農會的會員，自此臺灣農會進入二級制時代。二次大戰末期，戰爭局勢不利，為了更強力統制臺灣之農林資源以供應戰爭之需要，一九四三年十二月和一九四四年，臺灣總督府分別頒布了《臺灣農業會令》與《臺灣農業會令施行細則》，將包括農會、產業組合、畜產會等在內的各種農業團體，合併成為一元化的組織「農業會」，「農業會」的組織形態對應於市街莊、州廳、臺灣總督府三級行政體系，成為市街莊、州廳和全島三級制，此三級架構形態持續到日本殖民統治結束，並一直延續到戰後國民政府統治下的臺灣農會組織

昭和十六年五月四日防諜強調週，勸業課團，假裝行列。先祖蕭水妹隱身在人群中。（圖片來源：家族收藏）

架構。

根據蕭玉英、蕭玉雲口述與童年記憶中筆者祖父蕭啟堂的描述，蕭水妹曾到過海南島並至廣東梅縣尋根，遊歷至粵東客家村落聽聞鄉音，所操客語皆能相通。廣東、海南島、南洋，在筆者透過這幾個地理關鍵字搜尋蕭水妹南洋足跡之時，關注到了臺灣歷史上鮮少被提及的海南島農業指導挺身隊、農業義勇團與移民村，然而在農業義勇團的資料與名單中，未有斬獲。

鍬の戰士臺農團

南京に分場を設置

中支の曠野に於ける土の戰士として皇軍に新鮮な野菜を供給してゐるその後の臺灣農業義勇團は仕事も頗る順調に運んで居た處、去る八月中旬の暴風雨に悪された上、夏秋作の植換期に遭遇した爲に收穫低減を來しその間非常な苦心をしたとの事であるが、一つには長期性の馬鈴薯、里芋葱等が充分間に合つて居れば適時缺乏せさるやうに收穫も出來る筈であつたが速成のもののみを主に作付をなしてゐたので全く手のつけようもなかつたと云はれてゐる、それ以來同團では極力秋作を急ぎ去る九月十日この方再び收穫増加を見るに至つた、去る九月初旬南京〇〇からの招聘で熊澤團長が遙々出張した處南京分場の開設を掛てよと命ぜられたので、早速各隊から〇〇名づつ〇〇名を移動せしむるべく、これが先發隊に山岡隊長が〇〇名を引率して南京に向ひ、引續き去る二十日殘りの〇〇名も勇躍目的地に出發したとの快ニユースがこの程督府農務課に齎された

臺農團報導

為了戰爭時期所欠缺各項的軍需作物，臺灣總督府積極運用臺灣在熱帶作物的栽種經驗，派遣農業指導人員前往各佔領地以協助軍方發展農業生產自身所需的農作物。除此之外，也派遣農業指導人員至臺灣總督府出資成立的臺拓在東南亞各分店，協助棉花及稻米的栽種。臺灣總督府派遣農業指導人員主要有臺灣農業義勇團，以及在各地指導當地住民農業耕作技術的農業指導員，在報刊上，我們可以看見臺灣農業義勇團被稱為「鋤頭戰士」，團員身分為軍農夫，具備軍伕身分[01]。

在清查「農業義勇團」、「農業指導挺身團」相關名冊後，蕭水妹並未在其中，澈底失去線索。那

01 臺灣農業義勇團首次招募募集了上千人前往上海大場鎮軍農場，種植蔬菜作物供給日本軍隊。臺灣總督府為經營海南島駐軍的蔬菜農園並且指導附近農民栽種蔬菜技術，從一九三九年九月至一九四〇年五月間陸續派遣指導團，每次期程約一到兩年。一九四一年，總督府再次派遣一二〇名農民充任技術指導員，一九四二年三月陸續以「農業義勇團」、「農業指導挺身團」等名義，以海南島南部榆林為中心，推廣栽種蓬萊米的技術給海南島農民。為實施「海南島土人食用米增產計畫」，總督府要求臺北、新竹、臺中、臺南、高雄等州廳選拔農村青壯年「米作技術者」，由臺灣總督府技師香取清之助擔任團長，帶領前往海南島。

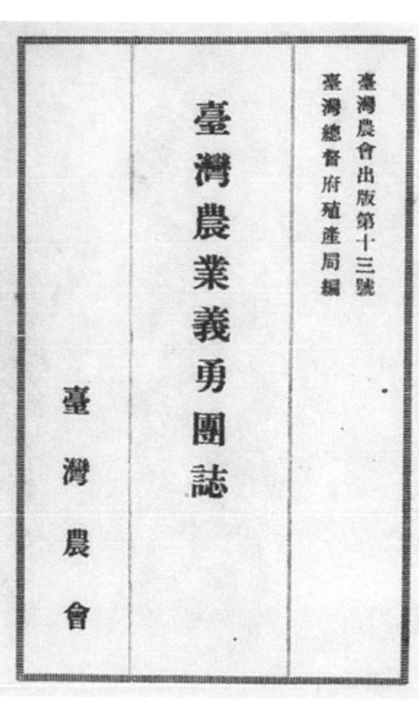
臺灣農會出版第十三號
臺灣總督府殖產局編
臺灣農業義勇團誌
臺灣農會

臺灣農業義勇團誌

感謝狀
臺灣農業義勇團

昭和十三年八月三十一日
支那派遣軍總司令官 西尾壽造

臺灣農業義勇團感謝狀

85

海南島へ農業指導挺身隊の出動

海南島がさきに皇軍の手により裁定されて以來、ひとしほ帝國朝野の關心をあつめ、少からぬ囑目の對象となつた。

由來海南島の農林產業開發に關しては、本島が多年に亘つて蓄積した技術經驗を動員し、同島軍當局の產業行政分野に參畫し、經營企業會社との間に有機的連絡を圖つて活動しつゝあり、其著例としては本年一月同島に於ける蓬萊米增產の爲百名の本島人農民を技術員と共に送出せるが、今般更に海南海軍警備府は「海南島土人食用米の增產計畫」を樹立し、これが目的達成を期するため臺灣總督府に對し積極的支持の應援方を求め來つた。

臺灣總督府殖產局では欣然協力すべく、海南島農業指導挺身團派遣細目を作成、各州廳と連絡を圖り先づ要員の整備を急いだ。卽ち海南島の米穀增產に推進する有資格者―大衆指導に挺身すべき有爲の農村青壯年を臺北、新竹、臺中、臺南高雄の各州廳より各々二十名宛簡拔、州毎に分團長竝に同副、付として米作技術者を配し、外に一行を指揮統率する派遣團長を加へ合計百十二名が銓衡せられ、夫々各州廳に於ける壯行會に臨席し君國のため御健鬪をとの激勵の辭を浴び、心からなる歡送をうけ勇躍出立したのであつた。

各州より粒選りの精選團員は州側引率官に引具せられ、お揃ひの國防服に身を堅め行動も凛々しく、熱と意氣を高揚させ七月二十九日午前十時、集結場所たる高雄市堀江國民學校校庭に合體した。

かくて同十一時より同校講堂に於ける總督府主催晴れの壯行會式場に臨んだ、式場には來賓として高雄州星野產業部長、土屋農林課長、新井技師を亦め各州廳よりの引率官、主催者側には殖產局長代理鈴木府技師山口屬及臺灣農會職員其他の參列あり。

停式に先立ち型の如く國民儀禮を行ひ、山口屬開式を宣し鈴木技師より團長以下幹部陣營の下命あり、ついで殖產局長より（鈴木技師代讀）諄々として派遣團員の胸を搏つ次の訓辭があつた。

海南島農業挺身隊

些蕭水妹在南洋的照片以及與日人的合影皆在搬遷與轟炸中散佚，只留下一張南京風景照，對照下僅發現日治時期昆蟲學家素木得一在中國廣東及南洋旅行與蕭水妹遺留下的傳說，足跡一致。一九〇八年三月，素木與東京帝國大學農科大學教授佐佐木忠次郎同赴中國廣東、廣西、海南島等地調查楓蠶，隨後由海南島輸入楓蠶繭，並且在臺灣進行楓蠶試育調查，同年，蕭水妹在總督府相關記載是一片空白。經幾次確認蕭水妹離開臺灣的時間，也大致吻合，蕭水妹遠赴南洋與廣東是在遷居岡山之前，極有可能是在農事試驗場時期，並且這一趟旅行的時

家族收藏南京玄武湖風景照（正面）

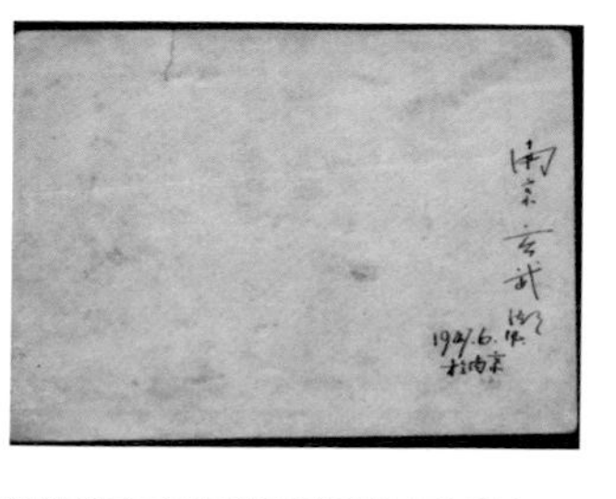
家族收藏南京玄武湖風景照（背面）

間恰恰填補了年表上的空缺。然而，在無資料文本佐證下，這個傳說的真相終將成謎。

四、蔗田風景

在蕭水妹的手記裡頻繁出現對於甘蔗田的記載，這樣的風景曾經被元代汪大淵所描述，其於一三三〇年和一三三七年海上經歷的《島夷志略》如此寫道：「琉球。地勢盤穹，林木合抱。山曰翠麓，曰重曼，曰斧頭，曰大峙（崎）。其峙山極高峻，自彭湖望之甚近。余登此山，則觀海潮之消長，夜半則望暘谷之（日）出，紅光燭天，山頂為之俱明。土潤田沃，宜稼穡。氣候漸暖，俗與彭湖差異。水無舟楫，以筏濟之。男子、婦人拳髮，以花布為衫。煮海水為鹽，釀蔗漿為酒。」[02]。一六〇三年，明代儒生陳第根據當時在臺灣所見之風土民情與物產，將二十天的經歷寫成《東番記》[03]，簡短記錄中甘蔗便為其中之一。荷蘭殖民地總督府在印尼巴達維亞（Batavia，荷蘭的羅馬名）所保存《巴達維亞城日記》[04]，留下了巴達維亞城及十七世紀荷蘭聯合東印度公司（VOC）各地貿易狀況及日常生活

水稻與蔗田

---

02 汪大淵（一三一一年—一三五〇），元朝民間航海家，字煥章，南昌人。一三三〇年，汪大淵自泉州搭乘商船出海遠航，經海南島、占城、馬六甲、爪哇、蘇門答臘、緬甸、印度、波斯、阿拉伯、埃及，橫渡地中海到摩洛哥，再回到埃及，出紅海到索馬里、莫桑比克，橫渡印度洋回到斯里蘭卡、蘇門答臘、爪哇，經澳洲到加里曼丹、菲律賓返回泉州，這趟航行歷時五年。一三三七年，汪大淵再次從泉州出航，經南洋群島、阿拉伯海、波斯灣、紅海、地中海、非洲的莫桑比克海峽及澳大利亞各地，一三三九年返回泉州。汪大淵著，汪前進譯注，《島夷志略》，沈陽：遼寧教育出版社，一九九六年。

03 陳第（一五四一—一六一七年），字季立，號一齋，福建連江人，明朝神宗萬曆儒生，曾先後於戚繼光與俞大猷從軍，累功至游擊將軍，鎮守古北口。一六〇二年（萬曆三十年）隨浯嶼都司至東番（臺灣）圍剿日本海盜，陳第等人於大員（臺南安平港）登陸，遍歷臺南、高雄一帶，深入西拉族平埔社，回中國隔年（一六〇三年）寫下了近一五〇〇字的《東番記》成為最早記錄臺灣平埔族的作品與臺灣風土的描寫。

04 今印尼雅加達。村上直次郎日本譯注；郭輝譯，《巴達維亞城日記》，南投：臺灣省文獻委員會，一九七〇年。頁33。

的紀錄，一六二四年二月記載了當時臺灣的物產、平埔原住民的生活情形以及臺南蕭壠產甘蔗的史料。

清康熙年間，任於閩知府王仲千同知幕賓的郁永河在一六九六年自福建至臺灣採集硫磺，其〈臺灣竹枝詞〉中第五首描述臺灣的地景、蔗園與糖廍：「蔗田萬頃碧萋萋，一望蘢蔥路欲迷；綑載都來糖廍裡，只留蔗葉餉群犀。」[05]，更在一六九七年的《裨海紀遊》（採硫日記）中如此紀錄：「宜種植，凡樹菽芃芃鬱茂，稻米有粒大如豆者；露重如雨，旱歲過夜轉潤，又近海無潦患，秋成納稼倍內地；更產糖蔗雜糧，有種必穫。」[06]、「植蔗為糖，歲產五、六十萬，商舶購之，以貿日本、呂宋諸國。又米、穀、麻、豆、鹿皮、鹿脯，運之四方者十餘萬。是臺灣一區，歲入賦七八十萬。」[07]。除了甘蔗產量與糖的貿易，其中又描繪了牛隻作為交通工具的

05 郁永河著，郭侑欣選注，《郁永河集》，臺南：國立臺灣文學館，二〇一二年。頁96至頁97。

06 郁永河著，郭侑欣選注，《郁永河集》，臺南：國立臺灣文學館，二〇一二年。頁88至頁89。

07 郁永河著，郭侑欣選注，《郁永河集》，臺南：國立臺灣文學館，二〇一二年。頁175。

景況：「地不產馬，內地馬又艱於渡海，雖設兵萬人，營馬不滿千匹；文武各官乘肩輿，自正印以下，出入皆騎黃犢。市中挽運百物，民間男婦遠適者，皆用犢車。故比戶多畜牛；又多蔗梢，牛嗜食之，不費芻菽。」[08]。

清巡臺御史黃叔璥所著始於一七二二年六月的《臺海使槎錄》則詳實記載了當時臺灣的物產與糖廍的運作與人力分配：「十一月，三邑大蔗、芋蔗熟，大蔗即甘蔗，芋蔗一名芒蔗，一名竹蔗；三邑農家豎興廍工碾糖；鳳山採捕烏魚；內山之番，不拘月日，捕鹿為常；……臺邑土壤褊小，絕少水田，農人多種瓜、蓺麻，雜植蔬豆，栽蔗碾糖，間種早稻以佐食，納糧每於兩路糴買輸將。」[09]、「廍中人工：糖師二人、火工二人、車工二人、牛婆二人、剝蔗七人、採蔗尾一人、看牛一人，工價逐月六、七十金，唐大歷中，鄒和尚始教民黃氏造蔗霜法。其器用有蔗削、蔗鐮、蔗凳、蔗碾、抬床、榨斗、漆甕之屬。今蔗車兩石矗立，狀如雙碾，夾取其汁，

08 郁永河著，郭侑欣選注，《郁永河集》，臺南：國立臺灣文學館，二〇一二年。頁91。

09 黃叔璥著，《臺海使槎錄》，南投：臺灣省文獻委員會，一九九六年。頁52至頁53。

想即蔗碾遺製。」[10]。

乾隆年間巡臺給事六十七《番社采風圖考》於一七四四年四月以戶科給事中巡臺，一七四七年五月因故革職前，曾命畫工繪製〈番社采風圖〉。〈番社采風圖〉及其圖考，俱為預備呈獻皇帝，藉以歌頌其教化事功之作。〈番社采風圖〉中研本「糖廍」一圖中有文字題記：「糖廍，臺郡各邑田土肥厚，宜植蔗，俱系居民耕種，而社番不能。硤糖自九月間至來年四五月方止，商人販賣內地江浙各處，實臺灣之大生意也。」。這些文字的描繪，帶來久遠的地景想像，也說明當時位於清帝國邊陲的臺灣，曾經經歷的荷蘭殖民與貿易榮景。一八六〇至一八七〇年間，長期活動於廈門的英國人聖・朱立安・修・愛德華茲（Sait-Julian Hugh Edwards）來臺拍攝下臺南糖廍的影像[11]，牛隻與蔗工佇立在曝光殘影中暗示著流逝的時光，如此特殊地景紀錄成為文字紀錄的最佳佐證，那是臺灣已

10 黃叔璥著，《臺海使槎錄》，南投：臺灣省文獻委員會，一九九六年。頁56至頁57。

11 糖廍（臺語臺羅表記：thng-phoo），又稱為蔗廍，臺灣早期土法煎糖的初級工業，由壓榨甘蔗的棚屋和煮糖的熬糖屋所構成。

舊式糖廍根本無法與可大量生產的新式製糖工場競爭。圖為日治時期舊糖廍圖像（圖片來源：胡安提供）

然消散的風景如今已不復見[12]。

作為日本帝國主義殖民時期臺灣最主要的經濟作物，關於甘蔗與糖業的風景描述出現在日治時期行政官員佐倉孫三在一九〇三年以漢文寫就的《臺風雜記》[13]：「臺南地方多產沙糖，一歲之收，不下數百萬金；與樟腦在伯仲之間。其製糖場者，皆系村閭共同所築。雖陋矮不足觀，規模甚宏；石臼、牛車、釜鍋、桶壺類，雜然相排置。隨輸隨制，糖色皆赤黑，捆之以席，載船送於對岸香港、廈門等；精選為純白，而輸侮外。安平、打狗港桅檣林立者，大抵為糖船。」，另有小字評曰：「臺地溫熱，土壤多沙，最適糖草。春夏之交，彌望百里，如竹叢、如麻田，就而視之，則糖草也。草身大者如擔物棒，

12 王雅倫著，《法國珍藏早期臺灣影像》，臺北：雄獅圖書公司，一九九九年。頁76。

13 開篇第一段話言明了寫作之時代背景：「明治乙未（光緒二十一年），日清和成，而臺澎為我領土。余在總督府民政局，公務之餘，摘記其人情、習俗、家庭、產物等與我本土相異者一百餘事，題曰『臺風雜記』以供施政之資料。今偶探筐中，獲舊稿，不忍覆瓿，繕寫以為一冊子。唯當時紛擾未歇，倥偬走筆，不成章者亦多。請不咎其蕪雜，而取鄙意所存，則幸甚幸甚。」。佐倉孫三著，《臺風雜記》，東京：國光社，一九〇三年初版，南投：臺灣省文獻委員會，一九九六再版。頁1。

色帶赤紫；割而嚙之，淡甘可喜。所謂齧蔗者，漸覺佳味者，非歟？」[14]。人類學家伊能嘉矩《臺灣文化志》中卷第三章以及關注臺灣民俗的金關丈夫《臺灣文化論叢》第一輯皆詳述了臺灣的蔗田風景與糖業發展設施，在殖民政府主導下，整個地景經歷了劇烈的擴張發展與變化。

14 佐倉孫三著，《臺風雜記》，東京：國光社，一九〇三年初版，南投：臺灣省文獻委員會，一九九六再版。頁45。

蔗田風景（圖片來源：胡安提供）

第四章

移民打狗城。

帶著口罩與橡膠手套，屏著氣息，小心翼翼的攤開明治製糖株式會社遺留下來的日治時期檔案，滿布灰塵的資料袋以及可能瞬間脆化的紙張，一批完整的藍晒圖描繪了日治時期新式製糖工場的內部與蒸氣機，那是臺灣現代化工業技術進程中重要的一環——汽電共生，一九三三年（昭和八年）300k.W タ一ボ（渦輪）發電機剖面圖。近代最早體認明清檔案文獻的學術與文化價值，並進行保護、整理和研究的史學家沈兼士曾經指出檔案是未滲過水的史料。因緣際會下，筆者參與了一筆文獻史料整理，針對一九一〇年代起明治製糖株式會社各糖廠遺留，包含現今總爺藝文中心與蕭壠文化園區保存合計近五千筆之檔案資料進行考掘和梳理。面對這批久未見天日的檔案，一方面因著南臺灣夏日溽暑，一方面因緊張與興奮而滴下了汗水。

二〇一五年十二月，筆者來到臺南善化糖廠開工儀式現場，臺糖目前僅剩善化、虎尾糖廠仍持續製糖作業，製糖季從十二月到來年三月，鼻息中的甜

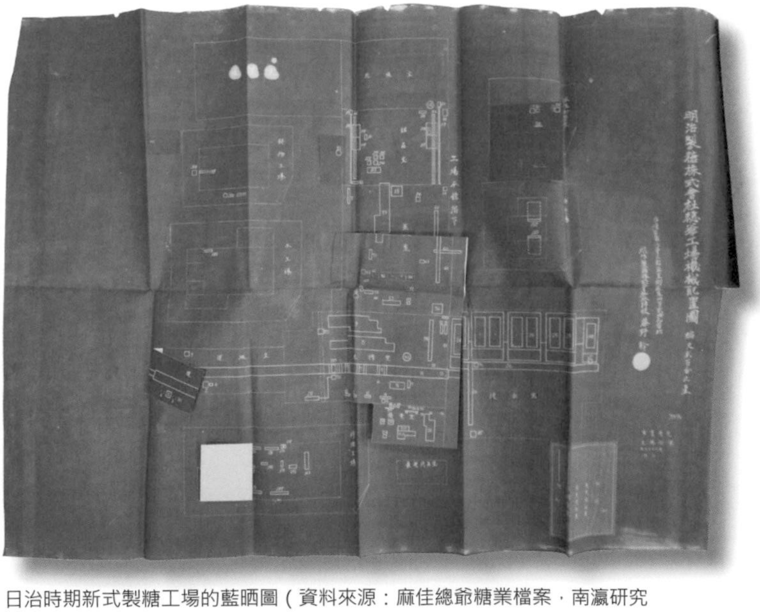

日治時期新式製糖工場的藍晒圖（資料來源：麻佳總爺糖業檔案，南瀛研究資料館，南瀛國際人文社會科學研究中心）

味，祭祀的過程裡糖廠職工們持香祝禱，看著機械啟動，繫著紅紙的甘蔗被擲入輸送帶中，想著當年蕭水妹是否也參與了無數次這樣的開工儀式。

一九一七年（大正六年）《臺灣博物學會會報》（第七年第參拾貳號）列出了蔗糖製成[01]，甘蔗製糖必須經過四、五次重覆壓榨，接著以熱水將壓榨過蔗渣的糖分提淨，清除壓榨後蔗汁內所含泥沙與雜質，加入石灰乳使雜質凝結沉澱，再將上層蔗汁進行蒸發凝縮，凝縮後之蔗汁稱為「糖漿」。將糖漿導入「結晶罐」中的加熱室加熱，在真空減壓下濃縮及吸附析出結晶粒，此時稱為「糖膏」。將糖膏引入「分蜜機」，利用離心力以高壓熱水洗滌並持續迴轉，直到結晶糖粒與糖蜜完全分離，分蜜機內的結晶糖粒即為稱作二砂的砂糖，底層泥漿與蔗渣經真空過濾機熱水，產生之濾泥可作為土壤有機肥，而廢糖蜜可提出酒精。日治時期為了新式製糖工場所引進的汽電共生設備，便是燃燒製糖過程所餘蔗渣，透過鍋爐產生蒸氣推動渦輪發電機發電供應全廠。

一九二七年（昭和二年），總督府文教局長石黑

01 甘蔗利用系統表載於一九一七年（大正六年）臺灣博物學會會報卷期 v.07 號次 n032，頁 141。

民國104/105年臺南善化糖廠開工典禮

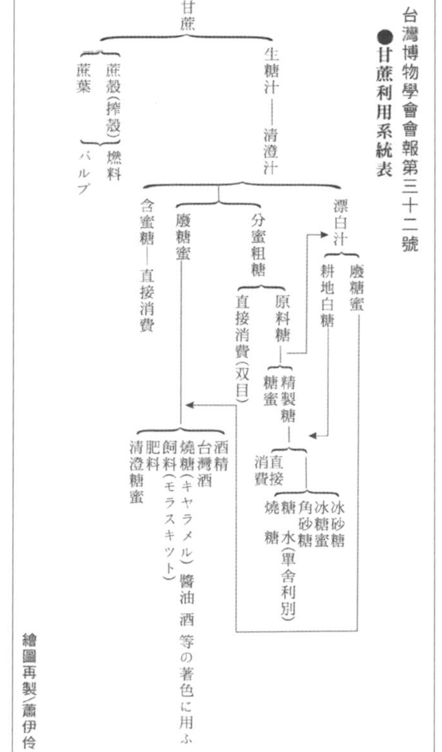

甘蔗利用系統表 / 蕭伊伶改繪

臺南善化糖廠

耕地白糖製造流程

甘蔗儲存場

蔗田收成

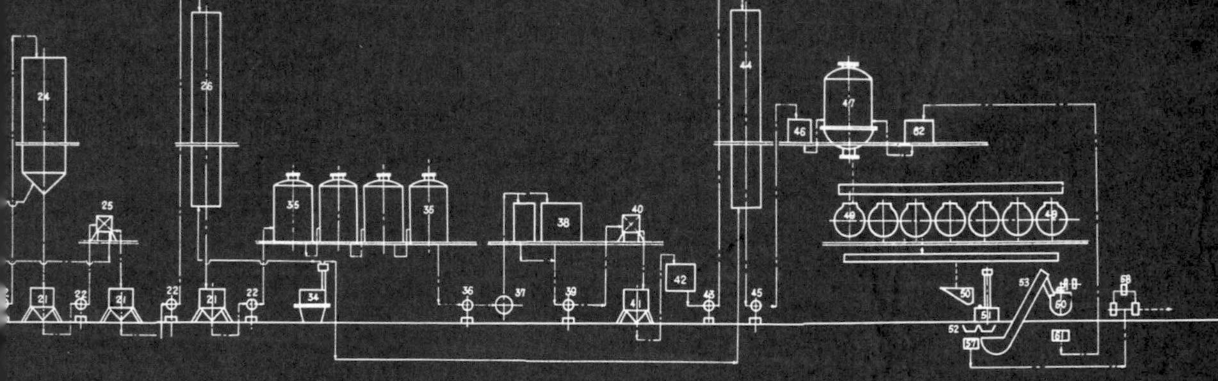

榨汁儲存槽

1	甘蔗攫卸機	14	第四榨汁槽	27	石灰窯	40	濃厚汁濾過機	53	砂糖輸送機
2	甘蔗輸送機	15	ベツワ式濾過機	28	瓦斯清淨機	41	受槽	54	砂糖篩機
3	甘蔗裁斷機	16	ボンブ	29	碳酸瓦斯ボンブ	42	冷卻機	55	砂糖乾燥室
4	壓碎機	17	蔗汁槽	30	エレベーター	43	ボンブ	56	包裝室
5	甘蔗碾裂機	18	同上用ボンブ	31	消化機	44	濃厚汁亞硫酸飽充塔	57	糖蜜槽
6	第一壓榨機	19	糖汁加熱機	32	攪拌機	45	ボンブ	58	同上用ボンブ
7	第二壓榨機	20	第一碳酸飽充槽	33	ボンブ	46	濃厚汁槽	59	一番糖蜜槽
8	第三壓榨機	21	受槽	34	硫磺燃燒機	47	真空結晶罐	60	三番糖溶解槽
9	第四壓榨機	22	ボンブ	35	效用罐	48	白下櫃	61	糖液槽
10	榨殼輸送機	23	第一壓濾機	36	ボンブ	49	助晶機	62	糖液槽
11	浸漬水	24	第二碳酸飽充槽	37	加熱機	50	混合機		
12	混合汁槽	25	第二壓濾機	38	エリミネーター	51	分離機		
13	第三榨汁槽	26	亞硫酸飽充塔	39	ボンブ	52	同上用桶		

白下
蔗汁、糖液、濃厚汁
糖蜜
發蜜
碳酸瓦斯亞硫酸瓦斯
水

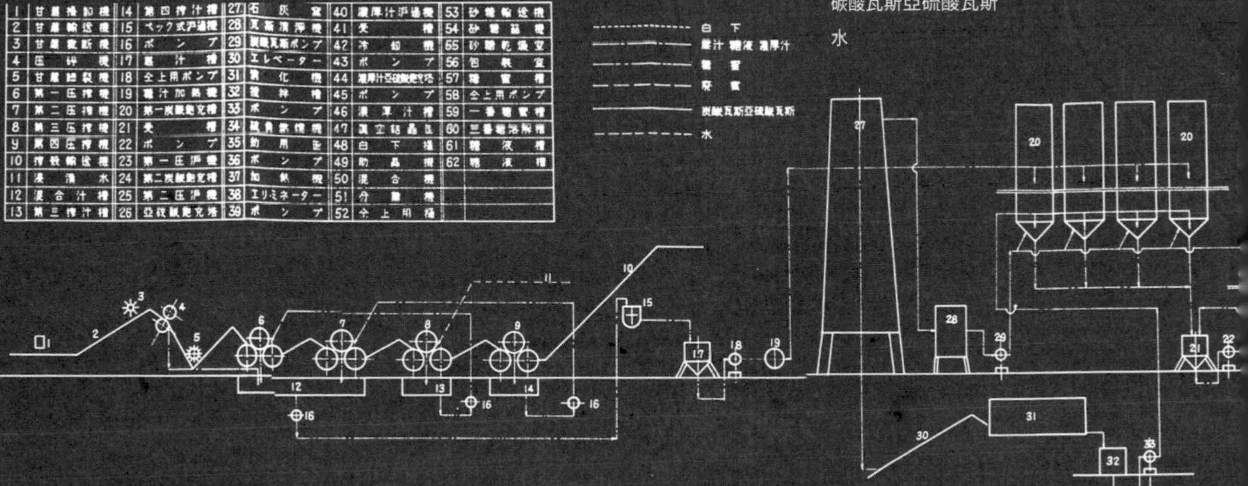

甘蔗輸送帶

甘蔗輸送帶

甘蔗壓榨機

英彥在《臺灣日日新報》六月十一日夕刊第二版提到臺灣西部平原真正的風景——蔗田[02]，日治時期小說家孤峯曾經在短篇〈流氓〉中描寫一九三〇年代一個失業印刷工人的處境：「正午的汽笛，長鳴了一下，把K市的僻隅全響透了，許多的學生、工人，個個結隊成群回家去，然而這松樹下的人們，尚是坐著不動，個個的面上各鎖著一重的愁霧，他們的耳朵不是沒有聽著長嘯的汽笛，那些學生和工人們個個都是要回家去吃午餐的。」[03]。楊雲萍的〈黃昏的蔗園〉則是如此寫道：「一望的蔗園，大半被染成陸離的赤銅色。——赤銅色的夕陽，無言裡，悄悄地半沉在蒼紫的獅仔山。初秋的冷風刮得半陣蔗葉沙沙簌簌的響。」[04]，這些小說中的文字，無論是糖業、製糖工場，蔗葉聲音或者汽笛聲，都是在描述隱藏於日常生活中日本帝國主義的殖民象徵。農村形成了以製糖工場為基準的時間觀念與作息秩序[05]，當時人們稱呼汽笛聲為「水螺」，製糖會社每天會以「水螺」通告上下班時間[06]，但是這樣的景象與聲響，隨著戰爭時期的轟炸砲擊消失了，那些蕭水妹手記裡的大片蔗田、製糖工場以及糖業鐵路都是盟軍轟炸的目標，更不用說高雄港與蕭啟堂工作的「日本海軍第六十一航空場」。

02 十七世紀荷蘭統治時期，便引進福建、廣東沿海居民跨海來臺種植甘蔗生產蔗糖，進行貿易。

03 孤峯著，葉石濤、鍾肇政主編，〈流氓〉，《一桿秤子》，臺北：遠景出版社。頁313-326。

04 楊雲萍著，葉石濤、鍾肇政主編，〈黃昏的蔗園〉，《一桿秤子》，臺北：遠景出版社。頁177-182。

蔗工收成情形

05 呂紹理著，《水螺響起——日治時期臺灣社會的生活作息》，臺北：遠流出版公司，一九九八年。頁15。

06 呂紹理著，《水螺響起——日治時期臺灣社會的生活作息》，臺北：遠流出版公司，一九九八年。頁120。

一、岡山大轟炸

第二次世界大戰期間（一九三九—一九四五），中島飛機製造廠在岡山基地建立了日本海軍第六十一航空工廠，美軍大轟炸時期便將該廠與鄰近地區列為重點轟炸目標，密集轟炸給岡山帶來毀滅，附近地區居民遭遇空襲，造成大規模死傷，蕭家無法倖免[07]。原本是運輸樞紐與重要軍事基地的岡山鎮，在砲火摧殘下頓時成為一片廢墟。蕭水妹的手記裡，除了記錄著他自身輕微中風的病體，也寫著大型B—29戰機幾度襲來，數回翻飛投下暴彈的驚險及空襲警報的頻繁，更多是美軍轟炸帶來有如人間煉獄般的火災。由於戰火的蔓延及總督府事先強力執行所謂「血人疏開」政策，將一個血緣家族刻意驅散各地，在第六十一航空工廠工作的長子蕭啟堂，也就是筆者的祖父，從岡山航空工廠一路調職到員林以及臺中石岡，這時的他正值少壯，輪廓深邃、俊朗的臉上永遠掛著靦腆笑容。

透過蕭壠檔案的逐一清點，筆者深入接觸到日治時期製糖工場所涉及的各面向，包括：城鄉空間與地景水文、藍晒圖與複製技術、蔗渣再利用、糖廠勞工、戰後接收與復舊、白色恐怖。蕭壠檔案可以說具體填補了蕭水妹手記之外現實層面的細節與空白，迷霧中的哀愁化成了真實。一九四五年，美軍針對臺灣嘉南平原糖廠進行猛烈轟炸，橋頭糖廠與鄰近岡山地區再次承受如雨落下的砲彈。一九五八年十月出版，張季熙所編《臺灣糖業復興史》一書中詳細記錄了二次戰後，臺灣糖業工場受創情況與各糖廠接管人員名單，以及毀損與修復舊貌之各項數據。書中載明了臺灣糖業接管委員會接收舊糖廠及處理情形一覽表，戰時臺灣包括高雄橋仔頭糖廠、虎尾與臺南總爺、蕭壠等糖廠的受損詳細資料，並附錄復舊工作人員回憶錄。

07 根據統計，當年美軍空襲臺灣至少二十五回，死傷數十萬人，在全部空襲中，又以一九四四年十月十四日「岡山大空襲」最嚴重。當時，美軍派一百三十架B-29空襲岡山「日本海軍第六十一航空場」，丟下六百五十噸炸藥。

表一 台灣糖業監理人員分配表

	單位名稱	主要監理人員	開始監理日期	備 註
1	日糖興業株式會社	沈鎮南 劉俊偉	民國卅四年十二月一日	
2	臺灣製糖株式會社	張季熙	民國卅四年十二月一日	
3	明治製糖株式會社	吳卓	民國卅四年十二月一日	
4	鹽水港製糖株式會社	陸寶愈	民國卅四年十二月一日	
5	日本糖業聯合會臺灣支部	沈鎮南	民國卅四年十二月一日	
6	日本製菓株式會社	沈鎮南 簡建勛	民國卅五年一月十一日	屬於日糖會社機構
7	東亞冰糖株式會社	張季熙	民國卅五年一月廿八日	屬於台灣製糖機構
8	臺灣農工土地株式會社	張季熙	民國卅五年三月一日	屬於台灣製糖機構
9	南投輕鐵株式會社	林同棪	民國卅五年一月十七日	屬於明治製糖機構
10	東亞礦業株式會社	包伯度	民國卅四年十二月二十日	屬於明治製糖機構
11	新興產業株式會社	陸寶愈		
12	酒精輸送株式會社	包伯度	民國卅四年十二月二十日	
13	明治產業株式會社	沈鎮南 包伯度	民國卅四年十二月廿八日	
14	株式會社蔗板製作所	沈鎮南 包伯度	民國卅五年三月	
15	株式會社福大公司	沈鎮南 李際潤	民國卅四年十二月十日	
16	展南拓殖株式會社 卓蘭興業株式會社	周大瑤	民國卅五年二月九日	

監理時期，迄卅五年三月底止，為期四月，委員會即奉令結束。同時三四／三五年期製糖工作大部完成，乃於四月組織臺灣糖業接管委員會，開始接管。人員一仍舊貫，並由行政院資源委員會會同前台灣省行政長官公署同時著手組織台灣糖業有限公司。資本總額臺幣三十億元，（資源委員會出資百分之六〇，長官公署出資百分之四〇）。於卅五年五月一日宣告成立。於是臺灣糖業，遂正式由我國人經營。原有日人之四大製糖會社，則有糖業公司所屬之四區分公司分別接收。

臺糖各廠戰時破壞情形及修復概況表

單位：美元

區屬	廠名	破壞情形		E.A.Rose 建議之修復預算		修復日期
		機械	房屋	機械	房屋	
第一區分公司	＊ 虎尾糖廠（第一工場）	汽罐5個，沉澱槽2個，壓濾機16個，硫黃爐1個，壓榨汽機1台，破壞達90%，損失慘重。	（壓榨室，清淨室，汽罐室）破壞30%（電氣室）破壞90%。	2,000,000	45,000	36年12月
	△ 虎尾糖廠（第二工場）	壓濾機20台破壞90%，碳酸槽5個，破壞10%，結晶罐7個，破壞20%。	（壓榨室，清淨室，石灰室）破壞10%。	60,000		34年11月
	△ 北港糖廠	分蜜機破壞18台，各種電動機破壞30台，糖篩全破壞。	（乾燥室，包裝室，煮糖室）破壞20%。	280,000	45,000	36年12月
	● 龍岩糖廠	無損。	損壞輕微。	10,000	22,500	36年4月
	△ 大林糖廠	運糖機1具，電動機2具損壞。	（乾燥室，包裝室）損壞20%。	110,000	22,500	36年10月
	斗六糖廠	無損。	無損。		18,000	34年12月
	竹山糖廠	清淨槽及結晶罐損壞10%。	損壞輕微。	3,000	18,000	36年11月
	△ 彰化糖廠	分蜜機損壞20%，助晶機損壞25%，沉澱槽損壞20%，結晶罐損壞50%。	（修理室，煮糖室）損壞30%。	100,000	22,500	36年10月
	● 烏日糖廠	汽罐損壞少許。	無損。	15,000	18,000	37年11月
	臺中糖廠	無損。	無損。	3,000	27,000	35年11月
	△ 潭子糖廠	發電機破壞2個，壓榨機破壞3%。	廠房破壞30%。	74,000	22,500	36年11月
	△ 月眉糖廠	結晶罐破壞35%，效用罐破壞25%，沉澱槽破壞10%。	附屬建築物破壞26%，廠房破壞30%。	70,000	18,000	36年8月
	苗栗糖廠	無損。	房屋破壞輕微。	20,000	18,000	36年12月
	新竹糖廠	無損。	倉庫破壞70%。	62,000	18,000	36年10月
	△ 玉井糖廠	損壞輕微。	15%。	40,000	18,000	35年1月
第二區分公司	● 橋子頭糖廠(第一工場)	甘蔗抓卸機1具，離心機15台，結晶罐1具。	壓榨室，清澄室，發酵室，倉庫三棟破壞。			37年12月
	● 橋子頭糖廠(第二工場)	破壞輕微。	破壞輕微。		22,500	34年11月
	△ 後壁林糖廠	破壞壓榨機1架，壓濾機13台。	倉庫破壞33棟。	300,000	18,000	36年10月

區屬	廠名	破壞情形		E.A.Rose 建議之修復預算		修復日期
		機械	房屋	機械	房屋	
第二區分公司	△ 東港糖廠	破壞輕微。	倉庫破壞31棟。	30,000	22,500	34年11月
	＊ 屏東糖廠	破壞壓榨機2台，鍋爐1座，發動機31台，結晶罐6具，損害嚴重。	房屋破壞，大部壓榨，室地基傾陷。	2,000,000	45,000	36年11月
	● 車路墘糖廠	無損。	無損。	30,000	22,500	34年11月
	△ 三崁店糖廠	糖蜜槽1個破壞，發動機3個，蒸發罐、粉糖機、乾燥機各1具損壞。	損壞倉庫30%，宿舍等30%。	120,000	22,500	36年11月
	△ 灣裡糖廠（第一工場）	電動機14台，發電機1台，汽罐1個，糖蜜槽1個，結晶罐1個損壞。	房屋一部份破壞。	5,000		34年12月
	△ 灣裡糖廠（第二工場）	破壞輕微。	破壞輕微。	30,000	22,500	34年12月
	埔里社糖廠	無損。	無損。		18,000	35年1月
	＊ 旗尾糖廠	離心機12台，壓濾器1台，起重機1台，電動機18台均破壞。	房屋破壞一部份。	150,000	22,500	36年10月
	△ 恒春糖廠	破壞鍋爐1座，壓濾機1台，離心機5台，連續槽1個。	房屋大部份破壞。			38年10月
第三區分公司	△ 總爺糖廠	給水槽，鍋爐，壓濾機，過濾器，蒸發機等均破壞，真空唧筒破壞1個，糖篩2個，壓榨汽機，齒輪聯動機起重機一部份。	房屋破壞24%。	100,000	24,500	36年10月
	● 蕭壠糖廠	細裂機，運蔗機，沉澱槽，蒸發機等均破壞，鍋爐升糖機各破壞1個。	房屋破壞18%。	40,000	22,500	34年12月
	● 烏樹林糖廠	滾子車床破壞1具。	房屋3.5%。	50,000	18,000	35年1月
	＊ 南靖糖廠	連續沉澱槽，石灰消化槽，蒸發罐變壓器各1具破壞。	乾燥室全部破壞，房屋破壞。	70,000	27,000	36年1月

備註：一部份修復開工。本表與接收概況表所列破壞程度對照表以＊示大破，△示中破，●示小破，不加符號者為無損。

手記裡記錄了在一九四五年（昭和二十年）二月二日這一日，蕭水妹失去了兩個花樣年華的女兒，以鋼筆書寫的「憂鬱」二字不斷出現，幾乎透穿了紙背，暈染開的是一個父親對子息的殷切關懷與傷痛，以及一個知識分子對於無情戰火所遭受到再一次失去親人的苦厄，心中所存有的憂傷無奈。今日的岡山已經沒落，繁忙的市街在戰火下繁華不在，筆者有記憶以來僅是交通樞紐與農作物集散的小鎮。恍惚間，平快車在記憶裡倏忽飛快，蕭啟堂年少時的翩翩身影，彷彿與三十年前穿著黃綠色省岡中制服的我交疊，我們都曾在這個小鎮度過最青春的年華，在媽祖廟前廣場晒著太陽，穿越神祕高大的蔗田，沿著小路上學。

透過長輩的介紹，蕭啟堂結識了水里鎮上的陳換，新婚的喜悅與死亡同時到來，失去兩個妹妹之後，蕭啟堂日漸沉默，受炸彈爆擊死去的蕭玉嬌與他最為親近，彼時彼刻，蕭啟堂也無法安慰他的父親。在手記裡，蕭水妹的內心憂鬱，幾次提出了離職請願書，對於戰爭感到相當的惶恐與無奈。在確認離職後，坐著當時的客運汽車，從岡山到了水里，再從水里走上一整天山路回到了挑米坑過著蟄居的生活。挑米坑山水秀麗，他日日讀書、看「新報」、

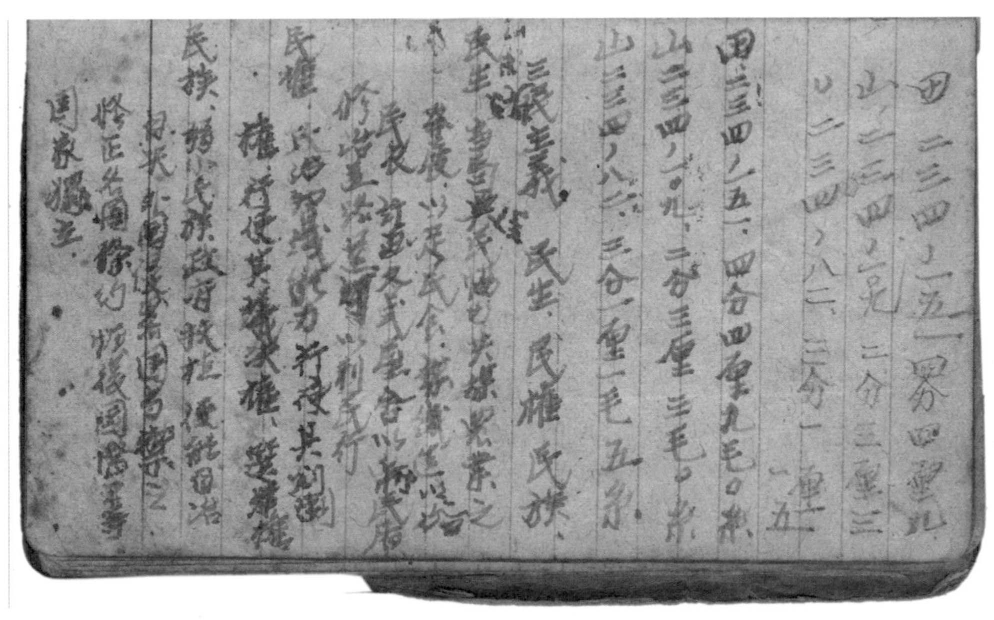

蕭水妹的手記中，開始出現三民主義之民族主義、民權主義和民生主義的默背文字

練習國語，常往北山坑看「人形芝居」（人偶或者魁儡戲），種瓜坑看國姓爺演劇；閒暇時，更以釣魚、捕蝦排遣心情。獲得孫兒出生的消息，也在筆記間留下歡喜，蕭水妹將孫兒命名為蕭君佐（筆者的父親，後因戶籍人員謄寫錯誤，登記為蕭君在）。他，開始等待戰爭的平息，手記上的文字，逐漸從日文書寫的文體，開始了三民主義之民族主義、民權主義和民生主義的默背。字裡行間，熱切擁抱著對岸來的陌生同胞。日人撤離後，地方政府留任日籍、臺籍技師的同時，曾祖父蕭水妹再次成為了高雄市建設局裡的一名公務員，一九四七年（民國三十六年）家族再度南遷。

二、看不見的打狗城

灰色的石頭城費朵拉的中心有一座金屬建築物，它的每個房間都有一個水晶球，在每個球體裡都可以看見一座藍色的城，那是不同的費朵拉的模型。費朵拉本來可以是其中任何一種面貌，但是為了某種原因，卻變成我們現在所見的樣子。任何一個時代，總有人根據他當時所見的費朵拉，構思某種方法，藉以把它改變為理想的城市，可是在他造模型的時候，費朵拉已經跟從前不一樣了，而昨天仍然認為可能實現的未來，今天已經變成玻璃球裡的玩具。

——卡爾維諾《看不見的城市》

同樣是卡爾維諾《看不見的城市》中關於城市與記憶的娓娓道來，透過記憶之眼，試著想像七十年前高雄的都市地景，日人丈量了人與城市的尺度，哈瑪星和鹽埕埔因打狗驛而有了榮景。當蕭水妹一家來到鹽埕埔時，眼見所及是巴洛克式街屋，還有高雄最大且最早的百貨商場，那是成立於西元一九三七年的銀座街道。

二〇一六年的今日，筆者站在同樣的位置，想像著不同的時間切片如何在這個空間，重疊交會[08]。

08 一八八五年（光緒十一年），打狗港取代了淤積的安平港成為海運樞紐，一八九五年，日人為方便原物料與物資運送特別著重鐵路、公路及港口交通運輸系統的建造與修築。一九〇八年日人在打狗驛現址的潟湖填築海埔新生地作為鐵道停車場，打狗驛即為臺鐵「高雄港站」舊稱。橋仔頭臺灣製糖、新興製糖會社等工廠，所需大量新式製糖機械，得以在此順利卸載。

一九七〇年代，蕭啟堂總踩著腳踏車，像是對古早記憶的耽溺，一遍遍帶著幼年時的筆者逛著哈瑪星跟鹽埕區的舊崛江，一間間小小的店家滿布著舶來品，像是班雅明筆下的巴黎漫遊者，卻沒有巴黎拱廊街的炫目。或者，穿過暗黑且神祕的壽山隧道口，到當時仍跟西子灣海水浴場連成一氣的壽山動物園試圖遇見臺灣獼猴。也或者，停留在鼓山漁市場前，重複著述說他在這裡看過美人魚的經過，筆者相信那是一隻被捕撈上岸冰凍的可憐儒艮。

已經登錄為歷史建築的舊打狗驛，北號誌樓及其附屬設施包括轉轍器系統、連動關節機械裝置，由於具有古典工藝之價值，也一併被保存下來，那是倖存的鐵道光輝。鐵路交通是日本殖民政府主要現代化建設工程之一，也牽動著來自各地的移民與城市的變遷。一九〇〇年，日人修築了打狗驛，開通打狗至臺南的鐵路運輸，為當時南臺灣貨運樞紐商貿往來重要據點，新式糖廠因而在南部各地不斷設立，鐵路沿線要站也逐漸成為人口及地區產物的集散地。一九〇四年，鐵道部擬擴建縱貫鐵路設立車站、修築縱貫鐵路、高雄港築港工程、疏濬與海埔新生地都需要大量的勞動力，這些大型的公共工程吸引了日人及以澎湖、臺南北門地區為主的外來移民。一九〇八年（明治四十一年）縱貫鐵路通車，讓日漸發達的南部製糖產品由高雄港進出，現代化的都市計畫，也讓大量移民進入高雄市，這些移民分別來自於澎湖、臺南、屏東、嘉義，後來還有北部的客家人皆在此落地生根[09]。

關於港口與驛站的書寫，可以是愛德華・W・蘇賈（Edward W．Soja）闡述的「第三空間」，這種開放性和創造性的空間，揭示了歷史發生轉換和社會展開建構的環境，是一個理想自由的交流環境，以及一個無法穿越的迷宮。此一空間是對真實空間和想像空間的解構和重組，所呈現的是對於空間的

09 高雄外來移民依照大戰前後約略畫分為兩個時期：（一）澎湖與臺南移民：在日治時期一九四〇年的人口籍貫調查中，有11.23%的高雄市人口籍貫為澎湖廳，僅次於臺南州人。戰後，高雄地區湧入更多澎湖人，按照一九五三年統計，高雄市有四萬多澎湖籍人口，占當時全市三十多萬人口的13.1%。戰後初期的人口空間分布仍延續日治時期，以鹽埕、鼓山區為主要遷居分布範圍。澎湖土地貧瘠，早期移民至屏東恆春及臺南安平等沿岸地區，但隨著一九〇八年日人擴建打狗港而轉至高雄地區，例如：旗津陳光燦家族在一九一三年（大正二年）成立「南部製酒株式會社」，成功的澎湖商人進而組織成立「澎湖同鄉會」。（二）高、屏客家移民日治時代，部分客家多以農業移民為主，遷徙至高雄，戰後，高屏地區美濃、六堆客家移民移入高雄市，以前鎮、小港二區較多，主要從事商業及服務業等，一九六〇年代，高雄前鎮加工區的成立吸引了就業人潮與週邊高屏地區移民。

一種重新認識和再度呈現空間的可能性。他引用了博爾赫斯（Jorge Luis Borges）筆下的《阿萊夫》（The Aleph），將「第三空間」（Third Space）形象化：「空間之中一個包羅萬象的點。」、「在那獨一無二的巨大的瞬間，我看到了無數可愛又可怕的場面。」、「目睹到了那個秘密的、假想的事物……它就是無法想像的宇宙。」。又如列菲弗爾（Henri Lefebvre）亦曾將蜘蛛網比擬作為複雜、流動的創造性空間的隱喻，這個空間是真實與想像的混合物，具有一種亦此亦彼的開放性，生成於一種永無完結的過程之中。

港口與驛站，帶來了城市的自我繁衍與不斷膨脹，一九〇八年所公布的第一次「打狗」市區計畫，以容納四萬人為目標，到今日未改制前二〇一〇年高雄市的人口早已經突破一百五十萬。在日治時代前期，臺灣本島與高雄市工業發展仍以糖業為工業主體，以及農業原料與食品生產等民生為主的輕工業時期。日治時代後期，進入二次大戰期間，高雄港轉變成為日本殖民帝國的南進基地與補給港，高雄市更成為提供原物料補給的重要樞紐。日人修築建設高雄港引進了現代化的機械工業以及重工業，現代化都市的用水供電及交通系統的規劃，促使相關的化學工業、機械和金屬工業相繼發展。一九一五年，為了臺灣島內開展的各項現代化建設，高雄地區的水泥工業遂而興起，一九一七年（大正六年）於田町設淺野水泥株式會社，也帶動了移民風潮，高雄的城市結構與敘事，莫不與這些移民相關。

蔗糖煉製使得南部新式糖廠蓬勃發展，蔗糖發酵，可以經過分餾成為百分之九十五的酒精，亦帶動其相關產業相繼前來打狗設立工場。一九一六年（大正五年）至一九一八年（大正七年）短短兩年間，鹽埕埔設立了鹽水港製糖會社酒精工場、泰昌冰糖株式會社、臺灣製糖鑄物工場、鈴木製鋼所、臺灣肥料會社阿爾加里工場，鄰近的前金庄也開設了生石灰合資會社、東洋電化工場。這些產業製品，不但提供全島需要更對外貿易，打狗港及周邊新市街也在這些生產與商業活動下生氣蓬發。

一九〇八年以容納四萬人為目標的第一次「打狗」市區計畫，無法負荷快速成長的人口，一九一九年（大正八年）修訂第二次都市擴張計畫時，以現階段人口成長數預估三十年後達到可以容納十二萬人口為都市計畫目標。一九二〇年（大正九年）高雄州廳設於高雄市山下町，築港工程如火如荼的進行，一九二一年，高雄都市計畫擴大，將原「高雄

舊高雄港驛

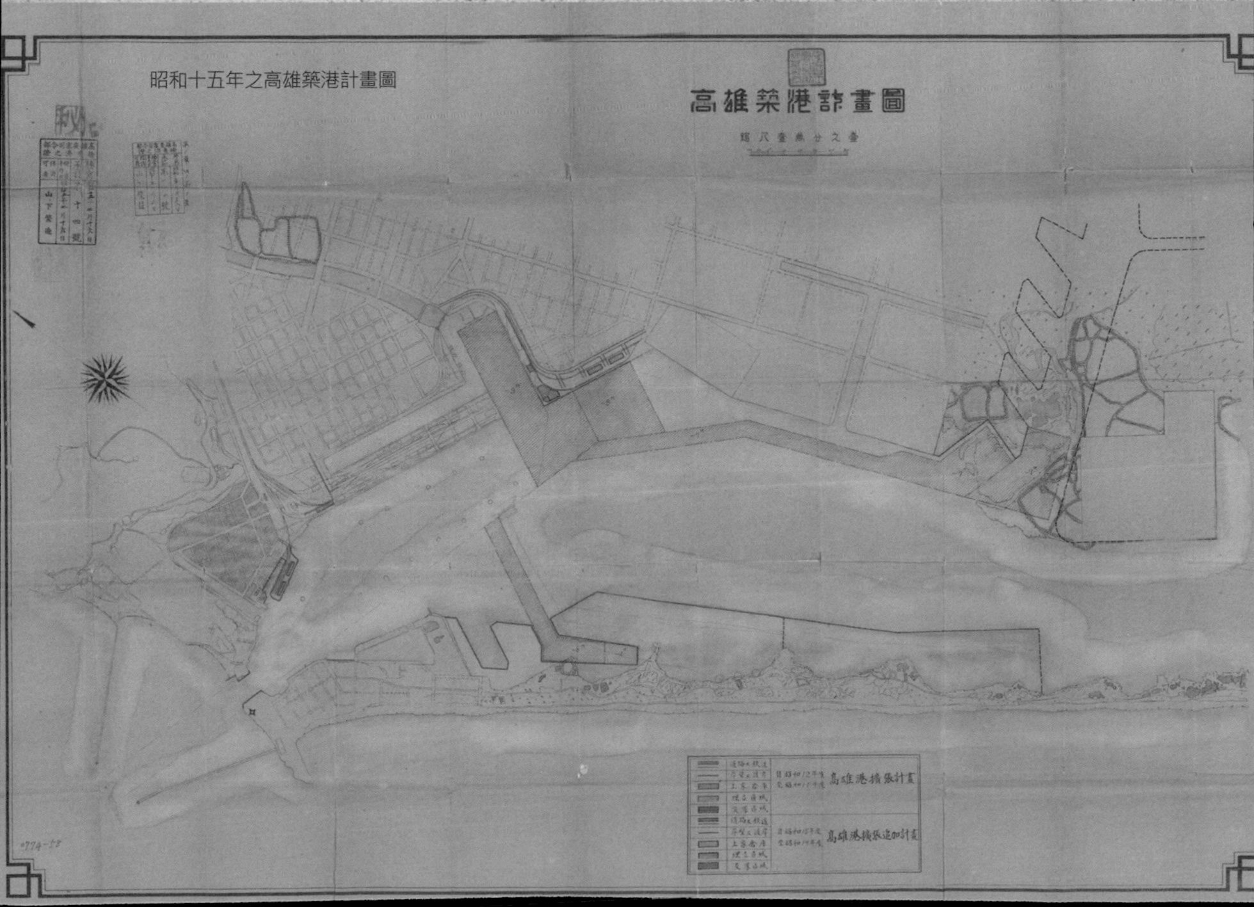

昭和十五年之高雄築港計畫圖

高雄築港計畫圖

高雄酒精工廠

昭和六年的高雄港勢展覽會舉辦當時的市區發展

街市區計畫」範圍擴大至高雄川以東之前金、苓雅寮等地區，現今的前鎮區與三塊厝以東的地區被劃為工業區，並於一九二二年（大正十一年）二月公布第二次都市擴張計畫之實施方案。一九二四年（大正十三年）高雄升格為市之後，高雄與人口呈現幾何倍數的發展，臺灣總督府乃決心重訂第三次都市擴張計畫，日人將高雄川（今愛河）以東地區，納入新都市計畫，預計容納四十萬人口。並提前於一九三二年（昭和六年）十月公布實施計畫。同年十二月一日，又將岡山郡左營庄所屬之前峰尾、桃子園等地，劃入大高雄地區。

高雄市腹地與視野澈底擴大，日人將高雄打造成全新的現代化都市，高雄港成為大型輪船與貨船可以進出的現代化港口。港、市合一的建設規畫，使得高雄港市超越當時的臺南與基隆港。一九三七年，高雄港第二期工程完工，陸續建造完成煉油廠、造船所、軋鋼廠、硫酸亞廠、肥料廠等。日本軍國主義與貪婪卻造就了高雄的重工業化基礎，二次大戰期間，後勁設置了首座煉油廠，提供軍需油料，原來製糖業研發的相關食品加工業轉變為「甘蔗化學工業」。各行各業對於勞動力的需求造成了大量移民，根據文獻，澎湖人多任苦力、工匠、水泥工；安平人、小琉球人多任船上工作或苦力，而北門人則擔任牛車工、魚行工、搬運工等，這些在歷史裡的「無名者」成就了高雄這個都市，推動著歷史[10]。

為了跨越高雄川，日人陸續興建了大橋連接河的兩岸，成為我們今日所見愛河景觀之雛型。一九三一年（昭和六年），高雄州廳遷移至前金高雄川邊，以大橋銜接今前金區，一九三三年（昭和八年），又依第三次都市計畫，建妥高雄橋，以銜接今苓雅寮區之交通。一九三六年（昭和十一年）八月二十九日，日人又修訂並公布以四十萬人為目標的大高雄計畫，一九三九年（昭和十四年）九月十日，將位於哈瑪星的高雄市役所，遷移至今鹽埕埔榮町二丁目二十二番地。一九四一年（昭和十六

10 以日治時期的「臺灣煉瓦株式會社打狗工場」為例，從澎湖及臺南北門分別引進勞動力，從事製磚及牛車的搬運工作。一九一三年日人後宮信太郎成立「臺灣煉瓦株式會社」，整併了一八九九年日人鮫島盛於打狗三塊厝創辦的「鮫島煉瓦工場」。一九四三年「臺灣煉瓦株式會社打狗工場」從三塊厝車站興建輕便鐵路支線，用鐵路將紅磚運至臺灣各地，同時利用愛河邊碼頭運送紅磚至高雄港銷往海外。廠區形成一北一南之移民聚落，廠區北側供澎湖勞工居住，廠區西南側聚落以臺南北門地區之勞工為主。

年）又將位於今南鼓山的高雄驛遷移至大港埔今高雄火車站現址。由於市役所的外遷，對哈瑪星自有一定的影響，而高雄驛的外遷則影響更大，許多與市役所及火車站有關的行業，如飲食業、旅館業、運輸業、印刷業、金融業，及販賣店等各種服務業，及其所引發的各種商業活動，亦不得不紛紛隨之遷離哈瑪星，造成哈瑪星各項服務業的衰落。

高雄川旁高雄州廳

愛德華・W・蘇賈（Edward W.Soja）曾指出空間表面上是固定、被動的，但實際上，它充滿了政治、社會關係和意識型態。而這種充滿政治和意識型態的空間，既是社會產物，也是（個別）社會行動的「媒介和結果」。一九四四年，由於高雄港當時為南洋軍需的供給港，盟軍大舉空襲高雄港，加上戰後國民政府接收初期，日人離臺，大陸外省軍民來臺，造成高雄地區的人口結構與空間分布再次產生轉變。當蕭水妹一家來到高雄時，早已耳聞哈瑪星的熱鬧街區，他們早以脫去皇民身分恢復了姓氏渴望展開新的未來，然而等著他們的卻是厄運不斷的歲月。從歷史的角度來說，在日人計畫性的經營下，整個臺灣當時的各項現代化產業，無論發展或進程，皆使得臺灣以殖民地的身分間接參與了二次大戰與日本侵略東亞的暴行，作為被母國捨棄的孤島，命運永遠飄搖。日人治臺初期時臺灣人的抵抗，盟軍轟炸臺灣各個主要城市，更炸死了多少無辜臺灣人民，國民政府的二二八事件，多少臺灣菁英因而喪命。蕭水妹再次面對朝代轉換，一一告別了日籍友人，國民政府軍登陸高雄港那一日，滿懷熱情的高雄市民至港口歡迎，蕭啟堂抱著筆者的父親也來到港口，眼見所及卻是衣著破爛、步履蹣跚的殘兵敗將。

三、繁華哈瑪星

洪榮華先生（第一屆民選高雄縣長）幾次書信邀請，再加上憑藉著在大高雄地區長久以來的農業工作經驗，行政長官公署簽核下，蕭水妹開始了在高雄市政府的職務，一開始也曾因為姓名不符引起國民政府之疑慮，透過洪榮華先生背書，始獲聘任。在挑米坑接到了高雄市政府的聘任書後，蕭水妹通知疏開在各地的家人，聚集並移動至地圖的另一個節點。

美國攝影與文化批評學者蘇珊・宋坦（Susan Sontag）在描述班雅明（Walter Benjamin）對於城市的想像時如此寫道：「地圖與草圖、記憶與夢境、迷宮與拱廊、遠景與全景的隱喻不斷出現，引發了對某種生活、同樣對城市的某種想像。」蕭玉英與蕭玉雲在回憶起當時要舉家搬遷至高雄時的心情，都抱持著對大都市的興奮期望，一家人將空襲過後僅剩的家當從岡山運至高雄市鼓山的日本宿舍。蕭水妹筆記了這間位在山腳下的日本宿舍，要容納這十口人家確實局促、狹小。

高雄這個新興的海港都市[11]，在日治時期開始繁華，當時的愛河仍清澈可以游泳，哈瑪星與鹽埕埔是彼時商業往來熱絡之地，苓雅寮也是當時熱鬧市集之所在[12]。高雄港腹地平坦廣大，日人深知這個港口的發展潛力，將築港計畫分期開展，灣區週邊地帶被納入市區改正範圍，填海造陸，利用港區工程廢土築造了海埔新生地，形成了現今我們所見的鹽埕區（舊稱鹽埕埔），哈瑪星成為了當時的市中心，指的是現今五福四路鐵路平交道以西的海埔新生地，在日治時代包括壽町、新濱町、湊町等地。當時有兩條濱海鐵路分別通往商港、漁港及漁市場，從新濱町港邊至渡船頭邊的漁市場，沿著海岸

11 一九一七年（大正六年）打狗支廳由哨船頭遷至哈瑪星，淺野水泥株式會社、臺灣製糖鑄物工場、鈴木製鋼、臺灣肥料會社阿爾加里工場，相繼設於今鹽埕區，打狗港及周邊新市街因此生氣蓬勃。一九二〇年，沿用京都高雄町（たかお，Takao），日人正式將打狗改名為高雄，設高雄州，將州廳公署設於高雄郡高雄街之山下町，一九二四年（大正十三年）高雄設市。

12 一八六三年（同治二年），打狗港開放通商改變了打狗地區的人口與社會結構，沿著打狗港灣區群聚為較具發展型態的市街有：旗後街、能（苓）雅寮街、三塊厝街、大林蒲市。苓雅寮地區由買辦起家的士紳陳福謙，經營糖業，貿易交換石油、鴉片、洋貨與唐山石等致富。

伸入港灣專為轉運鮮魚的濱海鐵路被日人稱為濱線（Hama Sen），鐵道西側建造了臺灣第一個棋盤式街道的現代化社區，稱為「哈瑪星」（日語 Hama Sen 之諧音）。哈瑪星擁有第一座日人規畫的現代化街道，除了主要的鐵道運輸幹線、港埠建設、衛生下水道，一九一三年更最先使用自來水供應系統、電力、電燈、電話與電報等，包含通訊在內可以說是具體而微的首個現代型都市計畫[13]。

一九四六年，當蕭水妹一家來到高雄時，高雄已經成長為一繁盛都市，哈瑪星早已是商務與運輸中心，一九三九年（昭和十四年）九月十日，高雄市役所已從哈瑪星遷移至鹽埕埔，同樣也歷經了盟軍的大規模轟炸。戰時日軍將高雄港視為南洋軍需主要供給港灣，一九四四年十月十二日開始至一九四五年八月十五日間，為了斷絕物資運送，盟機持續轟炸高雄港至日本戰敗無條件投降為止。猶如馬可・波羅描述他旅途上經過的城市的時候，忽必烈汗不一定完全相信他的每一句話，或者如同卡爾維諾（Italo Calvino）《看不見的城市》中闡述著城市與記憶，城市的地景與邊界不斷變動，繁華落

遠眺哈瑪星街區高雄港

高雄港

13 據一九一六年（大正五年）所刊行《打狗市區計畫說明書》，由於原旗後街、哨船頭街，街道路面狹小，排水不良，致發展空間有限，一九〇八年至一九一二年，日人同時推行第一次「打狗市區改制計畫」。以打狗驛為中心點的哈瑪星新市街，由於具有規畫整齊，街道寬廣，水電充足，水陸交通便利等優點，迅速成為行政中心，取代旗後街。一九一二年，日人開始進行第二期築港工程，擴大海埔新生地，將原本的鹽田及漁塭地填築，規畫為新碼頭、倉庫及新市街用地鹽埕埔（今鹽埕區），即今日的駁二藝術特區附近。自此，一萬噸級貨運船隻可進出港灣，這一年也成立了打狗第一座現代化市場公有湊町市場。一九一三年打狗第一小學校、打狗第一個現代化郵局「郵便局」，一九一六年西子灣開闢為「壽海水浴場」，一九一七年打狗支廳公署以及一九一八年旗後燈塔，我們看見了一個個現代化公共設施的完成，城市正逐步成型。

西子灣海水浴場

盡的哈瑪星，在今天僅保留著少數日治時期遺留下來的日式建築與商社，彼時歲月風華，在老人的口述間，猶然在目，卻又失去了「靈光」。

帶著妻兒與僅剩的家當來到鼓山後，蕭水妹開始忙碌於新的工作，他記錄下至左營與援中港的出差，及各地倉庫檢查，還記錄下到旗后媽祖廟參拜。當時初為人父卻無業的蕭啟堂，總會抱著初生兒到港口看看新鮮漁獲[14]，搭著舢舨到旗津走走逛逛，聽著低沉船笛聲，看著殘破幾成廢墟的高雄港在戰爭的傷害裡掙扎，貨輪進出、升著帆的薯榔帆跟舢舨，熱鬧吵雜的碼頭，工人穿梭挑著貨物。黃昏時分，蕭水妹騎著自行車來到西子灣堤岸邊，他凝視著臺灣海峽，落日伴著一波波潮浪湧來，以為安定的日子即將到來，卻沒料到很快就遭遇駭人的二二八事件[15]。

14 一九一九年，設備新穎的新式鼓山漁市場落成啟用，一九二七年（昭和二年）日人興建鼓山漁港，哈瑪星成為高雄漁業重鎮，有現代化且完善的製冰廠、冰凍廠、倉庫等漁業設備，臨海路一帶便曾經有六家銀行金融機構進駐，許多漁業界人士由旗後遷居湊町，利用發動機大緺船與馬力手繰船進行鮮魚承銷業務，發動機漁船製造及漁業水產、製冰等行業的經營，漁貨不僅銷售臺灣、日本，且遠銷至朝鮮、滿洲。一九三三年（昭和八年），港口停泊了動力漁船、日本型帆船、中國式帆船、竹筏。

15 歷經漫長建設的高雄港成為斷垣殘壁，觸目所及碼頭、倉庫、起重設備，幾乎全被盟軍炸毀，日人為防止盟軍自港口進攻，自沉五艘巨船，高雄港頓時成為死港。一九四五年，日本戰敗，國民政府來臺，高雄港滿目瘡痍，港埠功能盡失，同年十二月成立高雄港務局，一直到一九五五年，歷經十年的恢復與建設，航道徹底清理與設施方完全就位。濱線、臨港線大力修建，發達的鐵路系統和精良的港埠設計，使高雄市成為臺灣重工業和運輸重鎮。

最終章

皇民化運動與二二八事件。

敘事者可能敘說的所有事物，死亡皆是其裁判。他的權威來自死亡。

——班雅明《說故事的人》

一、皇民化運動下的古山一家

家族遷居高雄已近七十年，筆者、父親與祖父蕭啟堂三代皆出生於大高雄，也是曾祖父蕭水妹遷徙足跡的終點。根據《續修岡山鎮志》所記載，自一九三六年（昭和十一年）岡山農會支會任職州技手，「總督府職員錄」所登記的一九四四年高雄州產業部農水產課技手古山朝正（岡山郡駐在），至《臺灣省行政長官公署檔案》中高雄市政府建設局課員薦任農林處駐高雄市技術員。

翻開蕭水妹的昭和二十年手記，記錄了「昭和十六年（一九四一）三月三十一日附氏名變更許可」與「民國三十四年九月十六日氏名復舊」。直接說明了在日治時代第二次皇民化（Kominka 日本國民化）運動，一九四一年到一九四五年的「皇民奉公運動時期」，家族一度申請更改姓氏，因此在一九四一年到一九四五年間，「蕭水妹」短暫的成為「古山朝正」。儘管是歸順改姓的皇民家庭，在日本警察眼裡仍是次等國民。二次戰時糧食配給制度下，戶籍明載著改姓，蕭水妹的妻子吳鑾一日在市場領取配給物，擁擠人群中只是稍稍脫離了隊伍，就被日本警察當街持棍毆打甚至拘禁，只能等到蕭水妹下了勤務到派出所領人，嘆息間，對於臺灣人的處境深感悲憤。根據口述，蕭水妹在勤務工作時，每每被日本人欺壓，只能隱忍，將壓抑、憤怒的情緒在家中發洩。

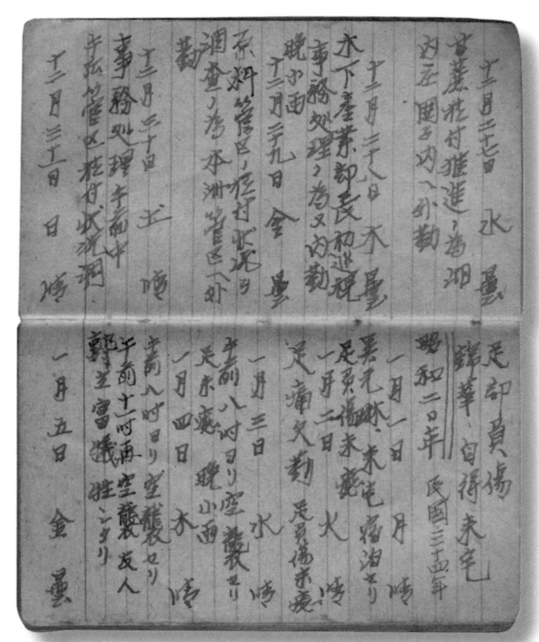

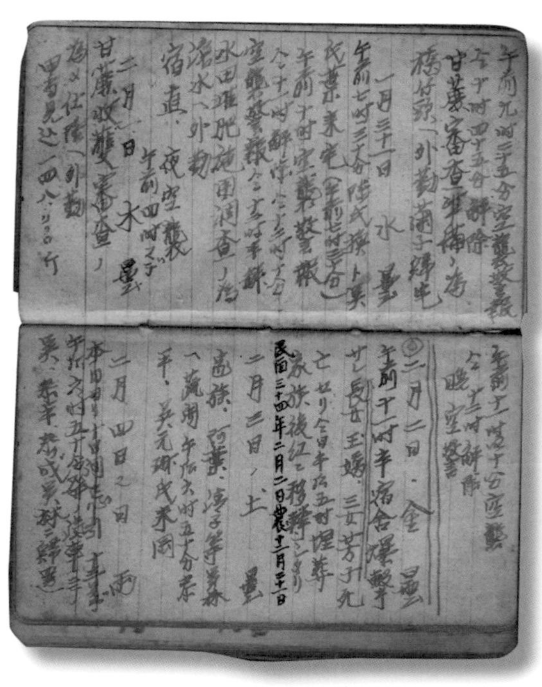

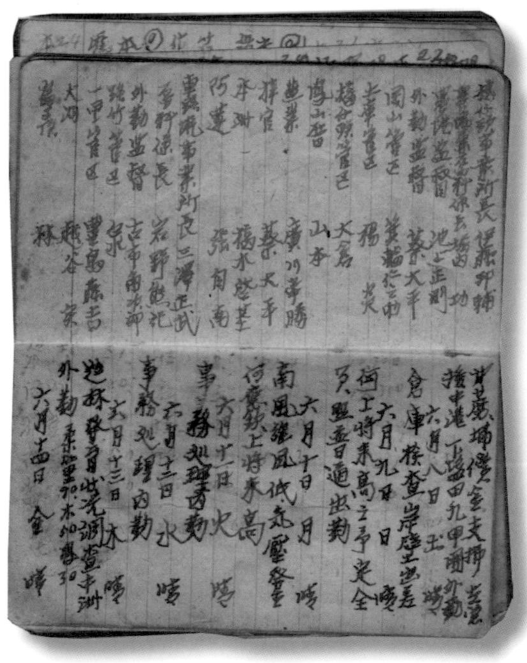

蕭水妹的手記

還記得筆者幼時祖父蕭啟堂曾提過家族在日治時期曾經改姓，直至近年深入了解臺灣歷史，才知道更改姓氏的歷史脈絡與意義，記憶中老人並未強調皇民化家庭所得到的額外利益，對蕭家而言僅僅是日人文化治理手段之一，那些歧視與各項權利的不平等，反而是身處於皇民化家庭體驗更深。在長者的口述中，蕭水妹低聲向家人提起返家途中發生的驚險過程。一如往常在田埂路間騎著自行車巡視，看見路面散落了幾捆作物，蕭水妹深知日本人的嚴苛，他焦急踩著踏板奔往前方運輸的牛車，提醒農民運輸途中遺落了農作物。一些相熟的農民知道蕭水妹為人不貪不求，對農民多有維護與關心，常常帶著幾顆甘藷、幾尾河魚希望他收下，也有農民家中有魚塭，知道他閒暇喜歡釣魚，慨然大方的讓他滿足垂釣之樂。

臺灣總督府依據族群關係將臺灣住民分為三級：在臺日本人、臺灣漢人及蕃民，顯現了社會階級，並賦予了各自不同的權利與規範進行約束。中日戰爭爆發，日本殖民地臺灣、朝鮮負責供應戰爭所需要的原物料與各項資源，包括「人力」。為了凝聚戰時的向心力，臺灣總督府積極進行文化治理，開展了一系列的文化改革。

一九三六年（昭和十一年），日本政府任命預備役海軍大將的小林躋造擔任第十七任臺灣總督以配合南進政策，提出了「皇民化、工業化、南進基地化」的施政口號，展開了「民風作興運動」，一九三七年隨之實施一系列「皇民化運動」，其主要內容為宗教與社會風俗的改革、國語運動、改姓名運動、志願兵運動等各個面向的規則與約束。民風作興運動為總督府當局推動的社會教化運動，旨在改善臺灣傳統宗教、戲劇、婚姻、祭祀、葬儀等方面之不良陋習或風氣。

皇民化運動分為二個階段，第一階段是一九三六年底到一九四〇年的「國民精神總動員」，重點在於「確立對時局的認識，強化國民意識」。第二階段是一九四一年到一九四五年的「皇民奉公運動時期」，一九四一年四月，總督府與臺灣軍區司令部合作，成立「皇民奉公會」（Kominhokokai），專責機構與相關人員依各地行政區域制訂階層，在臺灣各地設立支部、支會、分會、區會、部落會、奉公班，全島六百萬人口皆被迫納入這個系統機制，皇民化的對象是臺灣人，分屬各行政體系進行宣導，皇民奉公會則包含了在臺的日人與臺灣人，包括在臺灣長期從事民族運動的林獻堂也參與了皇民奉公會的各項活動。

一九三七年七月七日「蘆溝橋事件」，中日戰爭全面爆發，日本覬覦東南亞的石油及礦藏資源，試圖以「大東亞共榮圈」的口號掩飾其野心，向亞太各地發動侵略戰爭直到二次大戰結束的一九四五年，日本內地經濟、人力、物力終於不堪負荷。全面動員臺灣協助戰爭的各項奧援，推行皇民化運動，倡議臺灣人民全面日本化，消除臺灣人民的民族意識。在兵源短缺之下，一九四二年在臺灣實施陸軍特別志願兵制度，一九四三年實施海軍特別志願兵制度，一九四五年更全面實施徵兵制。這些無論是徵兵或志願的臺灣籍日本兵的家宅可貼上「榮譽之家」字樣。

臺灣總督府為推動皇民化運動，內容擴及人民日常生活領域，一九四〇年起，廢止報紙漢文欄，完全推行國語（日語），鼓勵身家清白的臺灣人家庭與公務員家庭更改為日本姓氏，鼓勵在家使用日語交談、穿著和服、放棄臺灣民間信仰、改信日本神祇與神道教並參拜神社，每日朝向日本天皇的皇宮所在地膜拜，住家門口懸掛「國語家庭」的牌子，便是能依政令而行的家庭，目的在促使臺灣人民意識型態的深化與認同。隨著戰線拉長，長時間的戰

岡山農業實踐女學校老師送別會

爭與戰場的擴大，後援的民間物資也日漸枯竭，總督府開始實施配給制度，在恩威並濟之下，「國語家庭」可以獲得優先及較佳的配給待遇，比一般臺灣人得到較多的配給，儘管如此，日本家庭的配給仍遠超過兩者。「國語家庭」除了公家機關優先任用以及食物配給的分量，據聞「國語家庭」子女在升學競爭上也占盡優勢，然而在蕭家的訪談中，並未呈現這樣的就學優勢現象，仍舊與一般臺灣籍學生公平競爭。

根據臺灣文獻館研究助理張文南所著之《內地式改姓名の仕方》舊籍介紹及相關資料，「改姓名運動」便是鼓勵殖民地臺灣將原有漢人姓名改為日本姓名。一九四〇年二月十一日皇紀二六〇〇年之紀元節，臺灣總督府以府令第十九號發布《戶口規則》修正條文，進行推廣改姓名運動。《臺灣改姓名の相談─改姓名に伴ふ名義書換書式》（一九四一）、《改姓名ノ備考》（一九四一）、《內地式改姓名の仕方》（一九四一）、《改姓名讀本》（一九四三）、《改姓名全書》（一九四四）等書，皆是因應當時政策而出版的刊物。

由宮山豐源與廣田藤雄（黃鴻藤）兩人編著的《內地式改姓名の仕方》於一九四一年出版。編者參酌《大日本人名辭書》、《半島に於ける氏設定改名の手續》、《姓名變更解說》、《臺灣書式便覽》等書，彙整編輯成此書，提供時人改姓名之趣旨、條件、方法。全書分為七章。首章節錄總務長官森岡二朗於《臺灣日日新報》之談話，來說明改姓名之趣旨：「推行改姓名運動不僅呼應日本統治本島之方針，也達成臺灣人欲變更姓名為『內地式』之願望。」。第二章則詳列改姓名之條件：「不同於朝鮮之強迫制，臺灣總督府對於改姓名採取許可制。欲更改姓名之臺灣人，其家庭必須為『國語』（日語）常用家庭（家中雖有六十歲以上老人，不諳日語者亦無妨），且須致力於培養皇國民之資質涵養，並富公共奉仕（奉獻）之精神。惟對於姓名之更改也有一些限制：歷代天皇的名、諱，不得作為更改之姓、名；歷史上著名人物的氏，不得作為更改之姓；與現有之姓具有緣由之支那（中國）地名，不得作為更改之姓；不適當的姓或名，不得使用。」

編者進一步在第三章說明姓名選擇的方法，第四章及第五章，表列了日本主要姓氏、男子名、女子名，讓改姓名者藉此作為命名參考。第六章針對更改姓名的申請手續及相關書式內容進行解說，第七章列舉一九四〇年二月至一九四一年六月間許可變更的新舊姓氏對照表。

按照總督府統計，全臺灣至一九四三年底共有一萬七五二六戶改姓名，人數計有一二萬六二一一人，占當時總人口的百分之二。在這波改姓名運動中，可以看到當時臺灣社會精英，也進行了改名，如蔡式穀（桂式穀）及藍蔭鼎（石川秀夫）。一九四五年八月十五日日本宣布無條件投降，臺籍人士開始姓名回復的申請，在戰後初期的《行政長官公署檔案》中，蕭家便是其中之一。根據訪談，皇民化時期的臺籍公務人員唯有變更日本姓氏方有升遷機會，更面臨長官的層層施壓，日本人對皇民家庭的控管相當嚴格，即使是幼童的童言童語也被緊密監視中，蕭玉雲（古山素子）提起，幼時曾與玩伴在玩耍間脫口而出了一句閩南語，次日，蕭水妹便遭到長官嚴厲訓斥，由此可知權力之眼如影隨形。曾經撰寫家譜並試圖回粵東尋根，對於自己的族群血緣有著深刻體認的蕭水妹，在面臨這等壓力之下，

蕭陳換、蕭玉英、蕭玉雲，口述她們記憶中的父親蕭水妹

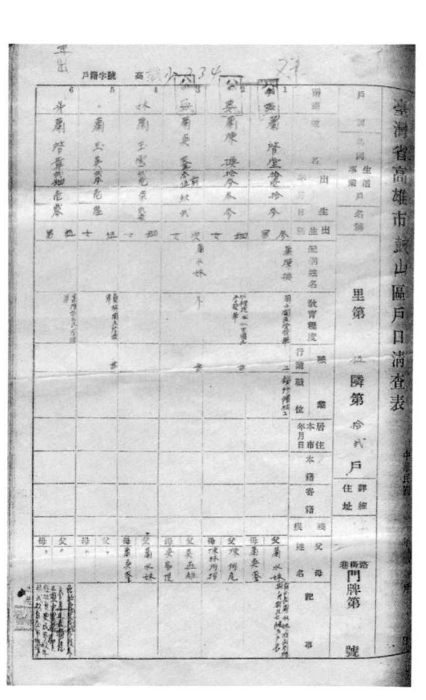
臺灣省高雄市鼓山區戶口清查表

高雄市鼓山區戶口清查表

更是充滿了無奈。

二、高雄二二八事件

死亡的陰影尚未散去，流浪的客家族裔落腳在打狗港。一本小小手記在幾頁間歷經改朝換代，記錄了曾祖父蕭水妹的友人郭立富，時任千代田生命高雄出張所附屬岡山事務所主任，在昭和二十年美軍轟炸時死亡，記錄了他與梓官鄉地方人士赤崁村李啟南為友，受其宴請款待，也記錄了年輕親友吳元琳（二二八事件受難者）的來訪寄宿[01]，更記錄了一九四五年一月八日的「大詔奉戴日」以及隔年一九四六年（民國三十五年）十月十日的中華民國國慶。昭和二十年四月退職後至隔年四月於挑米坑蟄居念書期間，過著閒逸的生活，除了研究北京語、讀書、看戲，釣魚、捕蝦與巡視自家農地成為生活重心，並與高雄路竹人士洪榮華（臺灣省第一屆高雄縣長）書信往來[02]。經由洪榮華的引薦任職於高雄市政府建設局，並以技士二級俸錄用，薪資為當時幣值一百六十元。

一九四六年四月十三日，曾祖父蕭水妹參與了高雄市參議會首屆大會，以及四月十五日建設局報告農產、畜產、耕地、水利、森林管理、產業道路等質詢。五月一日簡短記錄了在一次水利調查與協調宴飲中，戰後初期臺灣唯一左派報紙《人民導

01 吳元琳，二二八事件受難者，受難當時年齡二十五，受難事實：遭受羈押、遭受徒刑執行、健康名譽受損、財物損失。（資料來源：二二八國家紀念館，http://museum.228.org.tw/caseinfo.aspx?v=B927E3E7244A998B）

02 洪榮華（一九〇二年九月二十七日—一九七四年十月九日），高雄路竹人，一九三〇年日本第八高等學校理科畢業，一九三三年東京帝國大學農學部農業經濟科畢業，返臺後任臺灣總督府地方技師，服務於臺南、高雄兩地。戰後奉派為高雄州接管委員會產業部長，高雄設縣後，轉任建設局局長，一九五一年當選第一屆民選高雄縣長，一九五六年當選高雄農田水利會會長，並得連任。時水利會轄有今高屏二縣，區域遼闊，洪氏常到各地視察，對水利業務之改革、水利工程之建設，均有獨創之處。卸任後仍擔任臺灣省農田水利協進會委員，並熱心於地方公益事業。（資料來源：蔡說麗撰，國家文化資料庫，http://nrch.cca.gov.tw/ccahome/）

報》[03]總編輯陳文彬也在現場。六月十六日，孫總理廣東遭難紀念日大會於光復劇院舉行，也簡短記錄了何應欽上將到高雄的事件。當時蕭水妹與高雄州接管委員會主任委員謝東閔的往來，雖未在這本手記中出現，卻經由家中長者的口述記憶裡獲得證實。事實上，蕭水妹在職務內參與了高雄州接管委員會主任委員謝東閔的接收工作，手記中也記錄了到鳳山接收苗圃、參與了農事試驗場的設立計畫與蔗作指導。

而在祖母與長輩的口述中，提及了曾祖父與佘登

03 一九四六年一月一日創刊於臺北，發行人為鄭明祿（後由王井泉接任），社長宋斐如（後由王添灯繼任），另包括有總編輯蘇新、白克，總主筆陳文彬。記者有吳克泰、周青、呂赫若。該報共四個版面。其中第三版為日文版；第四版則有「南虹」副刊，先後由中國大陸人士木馬（林金波）、黃榮燦擔任主編，刊登散文、小說、新詩等文藝作品，惟僅出三十三期即被取消。該報成員多半具有較強的現實批判意識，特別是從左翼角度對國府統治提出報導、批評，報紙內容多涉及戰後臺灣種種社會亂象（包括二二八事件），無形中構成對國府統治的挑戰。一九四七年三月就因「思想反動言論荒謬詆毀政府煽動暴亂之主要力量」，而遭臺北綏靖司令部查封停刊。該刊可說在戰後初期扮演著為人民喉舌的重要角色。（資料來源：陳建忠撰，國家文化資料庫，http://nrch.cca.gov.tw/ccahome/）

紀念蓬萊米之父的磯永吉小屋，為舊高等農林學校作業室

原本日治時期的總督府農業實驗場的臺大苗圃

發的淵源[04]，除了地緣關係也與余登發早期從事土地代書密切相關。當時，謝東閔接管高雄州，主持高雄縣政，與曾祖父書信往來的洪榮華即為當時的建設局長。臺灣實施地方自治高雄縣首屆縣長選舉，洪榮華代表國民黨參選，與余登發、陳新安、吳崇雄角逐縣長，四人得票均未過半無法獲得法定票數，依法由票數較高的洪榮華與陳新安進行第二輪投票。而地方支持者取「洪」榮華諧音「紅」並戴紅帽輔選，因此後來被稱為「紅派」。非屬國民黨的陳新安支持者則以白色為識別，而余登發則因具爭議的行事作風被稱為「黑派」，此為高雄地區政治派系之發軔。

臺灣史學者許雪姬曾在〈皇民奉公會的研究——以林獻堂的參與為例〉文中摘要中寫道：「戰後國民政府來臺，陸續檢舉漢奸、戰犯，也要褫奪曾任皇民奉公會高級人員之公權，一來收拾民心，依者顯示民族正氣，然而正如丘念臺所言，如逐一清算臺人在日治時期的行為，將使臺省人才無一可用，各機關非全用外省人不可，陳儀正在向內政部解釋其作為之際，二二八事件發生了。」二二八事件的起因盤根錯節，牽涉到政治、社會、經濟與文化各面向。

負責接收臺灣的中國大陸軍隊與政府人員，嚴重排斥處處顯現出日本殖民痕跡的臺灣，雖然在國共內戰遇到嚴重挫敗，卻以征服者、勝利者的姿態來到臺灣，甚至抱持著族群優越感，加以中日戰爭的仇恨，時常欺凌、歧視臺灣人。日本殖民臺灣五十年，臺灣人民經歷的是現代化的生活與文化養成，對於撤退來臺的政府與軍隊，只看到相較起來極為落後的中國社會縮影，無論是教育的普及、法治觀念、衛生條件、生活習慣等，都讓懷想著擁抱祖國的臺灣人民深感失望。槍桿子下的高壓政權，除了官員貪汙腐敗，軍隊良莠不齊、紀律不良，騷擾居民時有所聞，種種社會不公，龐大民怨逐漸累積。一九四六年一月，《民報》成立「檢查衙門」專欄，以追究漢奸與御用紳士為目的，十二月，美國駐臺北領事館發表臺灣情勢報告預測了臺灣將隨時發生

04 一九二五年，余登發通過臺灣總督府普通考試，取得文官任用資格，次年自臺灣總督府商業專門學校本科部畢業，任職岡山郡役所工商課，隔年調任高雄州勸業課，不久後即辭職。一九二九年考取司法代書後，遷居橋頭，從事土地代書業務。

動亂[05]。

一九四七年，蕭水妹手記裡讓「民國」取代了「昭和」。

一九四七年三月二日至三月四日間，高雄發生武裝反抗，與國民政府軍發生衝突，陸續攻擊多處政府機關與外省人，高雄市政府遭到控制。高雄第一中學學生組成自衛隊，並號召雄工、雄商、高雄女中學生等學校的學生加入，合稱雄中自衛隊。三月四日下午，高雄要塞司令彭孟緝派出巡邏隊，見聚會民眾便開槍射殺，五日，軍隊以八門七五砲從壽山上對市區展開砲擊，並掃射鼓山一路一帶。三月四日下午，高雄要塞司令彭孟緝派出巡邏隊，隨機開槍射殺聚會民眾，五日，軍隊以八門七五砲從壽山上對市區展開砲擊，並掃射鼓山一路一帶。三月六日上午，高雄市二二八事件處理委員會推派高雄市長黃仲圖、高雄市參議會議長彭清靠、市府清查室主任涂光明、苓雅區長林界、台電高雄辦事處主任李佛續、醫師范滄榕、曾豐明等人為代表與彭孟緝交涉，希望停止射殺平民，然而尚未談判，黃仲圖、彭清靠與李佛續三人被釋放，其餘人士皆遭到槍決。

當日下午，彭孟緝再度派遣軍隊三百人下山，以吉普車架機槍以及持步槍士兵前往高雄市政府、火車站與高雄第一中學，不分男女老幼，沿路掃射行人，屍橫遍野，血染愛河。市政府禮堂中正集結許多高雄市參議員及地方人士等候談判結果，遭到高雄要塞守備大隊陳國儒部攻擊，現場四十餘人遭槍擊死亡百人受傷，律師陳金能、議員許秋粽、黃賜、

05 二月二十七日，一件私菸查緝案點燃了長期以來壓抑的情緒，專賣局與警察大隊派赴市場查緝私售香菸，查緝員葉得根以手槍槍筒打傷林江邁頭部，另一名查緝員傅學通則誤擊了市民陳文溪致死。二月二十八日，臺北市民開始進行請願、罷工、罷市一連串民主示威活動，同日，數百名憤怒的群眾聚集至臺灣省行政長官公署抗議，公署前衛兵心生恐懼開槍自保，射擊群眾造成傷亡。單純的請願在一連串偶然事件串連下轉變為對抗行政長官公署的政治社會運動，並爆發自國民政府接管臺灣以來最大規模的軍隊鎮壓、軍民衝突以及後來的省籍對抗，爾後更因此延續數十年的省籍情結。二二八事件發生後，陳儀授權情治單位進行「反間工作」，以恢復臺北市治安為名組織「忠義服務隊」，一方面號召青年學生出動維持社會秩序，利用學生們熱心參與「臺北市忠義服務隊」工作，同時間，保密局指揮將臺北地區流氓加入「忠義服務隊」，表面維持治安，實則擴大事端，毆打「外省人」，羅織罪名陷害學生。同樣手法在全臺各地可見，利用黑道流氓製造混亂以擴大事端，更積極製造中央派兵藉口，國民政府由中國大陸增援軍隊抵臺鎮壓屠殺與實施綏靖清鄉。

王石定等人喪命。何軍章團第三營以多門迫擊砲轟擊高雄第一中學造成學生多人傷亡，而在高雄火車站前，無辜民眾遭到軍隊攻擊，軍隊封鎖地下道出口，泯滅人性掃射手無寸鐵的民眾。

政局紊亂，鄰居青年時常上家門商議攻打駐紮壽山的國民政府軍一事，擔任公職的曾祖父見勢不可為，必定造成傷亡，屢屢勸說鄰居青年不可輕舉妄動，更殷切告誡家中子嗣勿參與任何遊行活動，遺憾的是，二二八事件過後，青年失去音訊。國民政府軍掃射平民房舍，鄰舍一婦女攜子躲藏在櫥櫃中，傷重死亡，幾天夜裡只聽見傳來嬰兒啼哭的聲音，然而子彈四射，無人敢冒死相救，慘絕人寰，可恨那視生命為草芥的無情劊子手，血腥殺戮，殘酷歷史卻被掩蓋、塗抹。

高雄二二八事發當時，從建設局轉任農林處駐高雄辦事員的蕭水妹騎著腳踏車，從鼓山區的宿舍前往上班的途中被攔了下來，不得已只好沿著愛河避開人群想回到家中，只是一個上午幾個小時的時間，差一點就與家人天人永隔，目睹殺戮的蕭水妹再三告誡家人，阻止當時就讀高雄工業職業學校的次子蕭啟中參加抗議遊行。根據蕭玉雲的口述，國民政府軍隊的機關槍朝著鼓山地區的民宅掃射，蕭啟堂將日本宿舍裡廚房的木製地板掀開，全家人鑽爬躲在榻榻米地板下，趴在泥土地上數個小時方才逃過一劫，六、七個家人還有一個尚在襁褓中的嬰兒，家族險遭滅門。蕭啟堂的妻子，筆者的祖母陳換形容起當初子彈從屋頂、頭上飛過的場景與驚險，仍心有餘悸，她抱著一歲多的幼子躲避這場災難，害怕嬰兒的啼哭聲引來災厄。同時間，蕭啟堂的好友吳元琳失蹤，遺留下年輕妻子與幼兒。根據口述，蕭氏家人過了幾天足不出戶的生活，接獲通知許多人在鼓山的市場被槍殺、屍體整車運走，事後查證，許多當時就讀臺灣省立高雄工業職業學校的年輕學生也在抗議遊行隊伍中死亡，親友吳元琳也在此事件中被囚禁。等待街頭紛亂略平之後，蕭水妹與蕭吳鑾搭著火車到了員林，飽受驚嚇的兩位老人家在挑米坑親友的引領下，再從員林往草屯方向，拖著瘦弱身軀，冒險攀越山嶺，曾經纏足的蕭吳鑾因此疲憊不堪，步行了兩天的路程回到挑米坑。返回家鄉後，蕭水妹接連將子女逐一招喚回到挑米坑山中，逃避禍事。待二二八事件稍稍平息後，儘管又回到高雄市政府續職，半年後蕭水妹仍因為奔波勞累腦溢血過逝，時年六十二歲；也因此他二十餘歲的長子，蕭啟堂必須擔起扶養年幼弟妹的重擔。

臺灣省行政長官公署各方面政策錯誤，除了經濟上壟斷並嚴格控管物資買賣，打壓臺灣人民，一九四八年，更因為上海金融危機，釀成臺幣幣值大幅貶值，浮濫印製鈔票，為支援大陸前線戰事掏空臺灣民生物資，導致惡性通貨膨脹，民眾失業。一九四九年，中華民國政府發行伍佰萬元面額金圓券，高額金圓券換不到一碗湯麵[06]，與戰前相比，臺灣經濟嚴重崩潰。除了岡山大轟炸整棟家屋被炸毀，失去有形財產與兩條年輕生命，蕭玉英憶及當年日幣的兌換與貶值，亦是讓蕭家傾倒的主因。掌管家中經濟大權的蕭水妹驟逝，妻子蕭呉鑾情勢判斷錯誤，將大筆高額日幣綁在身上，未能及時兌換，遭致長年辛苦所得一夕之間成為廢紙。

國民政府未思考臺灣被迫割讓日本的歷史，反以消滅臺灣菁英維護其自身主體尊嚴，歷經殘酷的國共內戰仍執念以手足相殘來建立荒謬的中華民族道統。一貫的高壓統治，國民政府除了接收大筆日人遺留土地與資產，更與戰時日本總督府相差無異，絲毫無改臺灣人民被壓迫的苦難。二二八事件終於和緩，國民政府為杜絕後患反而擴大鎮壓與屠殺，實施清鄉政策，大規模逮捕並槍決臺灣知識菁英及大陸左派人士，繼而實施威權統治與戒嚴，進行思想的箝制，文化與語言的再治理，延續國共戰爭氛圍製造反攻大陸、統一中國假象，逼使人民禁聲，二二八事件與白色恐怖更影響臺灣長達數十年，掩藏歷史真相，篡改臺灣現代化歷程。不可言說的恐懼，無法被記憶也無法被敘述，像是盤旋天空遲遲無法消散的烏雲，蕭家此後面對的是棲棲遑遑、多年不可得的身心安頓與流離。就如同克莉絲蒂娃（Julia Kristeva）在《恐怖的力量》中所言：「死亡以最劇烈的方式，勾勒出一種奇異的狀態，其中，有一個既已失去所有非客體（non-objets）的迷途的非主體（non-sujet），在它通過卑賤情境的試煉中，揣想虛無。」。日本人走後，國民政府瓜分占領日人在臺事業、房屋及土地，許多臺籍人士紛紛認為有機可趁從中牟利，然而，性格淡漠的蕭水妹並未從中獲取任何一分一毫利益。一九四七年，戰爭結束第二年，蕭水妹過世，一生耿介的他無法庇佑子孫，背負著皇民化家庭的原罪，原本就職於日本空軍機廠的長子蕭啟堂早已因戰爭失去了工作，畢業於現今高雄高工的次子蕭啟中因為戶籍上登記著皇

06 資料來源：財政部財政史料陳列室 http://museum.mof.gov.tw/ct.asp?xItem=3682&ctNode=33&mp=1

民改姓，從已經考取上榜的臺南鹽業公司（一九五三年改隸屬於財政部鹽務總局）硬生生被取消資格[07]。一家老小食指浩繁，經濟困頓致使家道中落，幸有岡山友人梁記得先生伸出援手，寫信至辜顯榮家，彼時，辜顯榮已經過世數年，經由安排讓蕭啟中至大崗山某糖廠工作，後來成為該私人糖廠廠長。

在經歷過美軍轟炸與二二八事件，蕭家的起落在歷史長河中只是頃刻，筆者充滿貧窮的童年記憶裡，祖父蕭啟堂對於其他家人總是沉默，緘口不語不願提及日治時期的往事。初時，蕭啟堂只能靠打鑰匙維持生計。輾轉經由友人邱先生介紹進入前鎮區的臺灣鋁業，成為基層勞工，一家老小才有較穩定的生活。筆者就是出生在苓雅寮四維路的小巷裡，日式木造小平房的家門口前，掛著「打鎖匙」的小招牌。五歲之前的記憶猶新，當時的阮外科規模仍小（現今阮綜合醫院），「菜粽李」還在黃土飛揚的四維路上，筆者每每踩著小木屐到「菜粽李」跟李老爺爺問好打招呼，老人痀僂著身子，總對我溫暖一笑。

臂下夾著沙漏的時間老人（Father Time）握著鐮刀斬斷歲月。這六十餘年間，臺灣經歷了通貨膨脹、白色恐怖、老蔣去世、客廳即工廠、賽洛瑪颱風、中美斷交、江南案、美麗島事件、陳文成事件、林宅血案、鄭南榕自焚、解嚴、蔣經國去世、李登輝當選總統、九二一地震、陳水扁當選總統、紅衫軍……，臺灣的主體意識日漸茁壯，而高雄這個海港城市，也如同一個會呼吸的有機體，吸附混凝土建築與高樓林立，不斷蔓延生長。歲月流金，蕭水妹一家輾轉來到了高雄居住了七十年，落地生根，成為眾多都市移民的一分子。

家族遷徙，一路掉落的已分不清是回憶亦或是歷史的殘渣，祖父口中那些消散意義的句子，在我心裡萌發出形狀各異的芽。這是一個客家知識分子與他四個名字的故事，昭和二十年是臺灣面臨許多變

07　一九〇一年，臺灣總督府設立專賣局統籌所有專賣事業，爾後隨著政策創立相關鹽業組織，如：臺鹽會社（一九一九創立）、南鹽會社（一九三八創立）、臺灣鹽荷役株式會社（一九四四創立）。一九四六年，行政長官公署專賣局接收原本的臺鹽會社及南鹽會社，成立「臺南鹽業公司」，並改組臺灣鹽荷役株式會社為「臺南鹽運公司」。一九五一年，原臺南鹽業公司，改稱「臺灣製鹽廠」，隸屬於經濟部資源會。一九五二年，臺灣製鹽廠改稱「臺灣製鹽總廠」，歸屬經濟部鹽業整理委員會。一九五三年，臺灣製鹽總廠改隸屬於財政部鹽務總局，另將鹽務稅警改制為臺灣省沿務警察總隊。一九六九年，臺灣製鹽總廠改隸屬於財政部鹽政司。資料來源：檔案管理局臺灣經濟產業檔案——臺鹽檔案。

化、改朝換代的一年，這本手記裡最後出現的三民主義深刻呈現了身為殖民地人民的悲哀。蕭水妹——我的曾祖父，他的這些事跡，曾經是我所以為祖父或長輩們的吹噓與傳言，如今卻一一在文獻上得到了「存在」的證明。從苗栗到南投挑米坑、岡山再到高雄，我們成了宗族裡唯一一支在南方開枝散葉、落地生根，遺忘了客家祖先古老語言的不肖子孫。鍵盤敲打間，我尋找著蕭水妹的蹤跡，彷若歷經了喬伊斯（James Joyce）小說《尤利西斯》（Ulysses）中漫長的生命之旅，細數那些遭逢與遺憾，遂成為我最終的救贖。

後記

說故事的人。

ぽっぽっぽ、
鳩ぽっぽ、
豆がほしいか、
そらやるぞ。
みんなで仲善（なかよ）く、
食べに来い。……

——日本童謠〈はと（鳩 ハト）〉

「記憶」往往最為誘人，讓人思念、徘徊不已。這些用文字與文獻所堆疊的，其實是筆者長久來無法拋棄的沉重包袱，一篇漫長的家族史是童年時每天晚上的床邊故事，祖父蕭啟堂便是那個「說故事的人」。每到假日，祖父總騎著自行車到小港機場看飛機起降。成年後再來到小港機場，情景依稀，斯人已遠，終於，了解祖父眼中的憂鬱，那是他對天空的嚮往。一九三五年（昭和十年），總督府在臺北城舉辦了「始政四十週年紀念臺灣博覽會」，盛大的會場具體展現日本治理臺灣的各項成果，筆者祖母陳換女士在就讀水里坑水里國民學校期間，便曾隨著學校修業旅行參觀了「始政四十週年紀念臺灣博覽會」，在會場中所呈現各項新奇現代化設施與亮晃晃的燈光，對於十一歲的陳換而言，成為永生難忘的回憶。總是輕拍著筆者的背輕哼著日本童謠，幼年時的午睡便不只一次聽到祖母提及那一

祖父蕭啟堂與祖母蕭陳換於苓雅寮合影

後排左起蕭玉英、蕭玉雲，前排左起蕭陳換及蕭吳鑾。

場「現代化」的洗禮與體驗，一直到她九十三歲的今日，那眼中的興奮光彩未曾褪去。

清末民初的文獻檔案學家沈兼士曾經說過：「檔案是未摻過水的史料」，面對日治時期帶來的「殖民現代性」，該如何從塵封的檔案中挖掘史料，成為筆者所日漸關注。坐在書桌前敲打著鍵盤，窗外氣溫微涼，滑鼠移動著電腦螢幕上的文字頁面，這一路追尋終於結束，謎底的揭曉似乎無關重要，在謎團層層剝除之後，深刻體會到「話語」對人們的牢固統治和壓制是深入骨髓的，那是被皮耶・布迪厄（Pierre Bourdieu）稱為「符號暴力」(symbolic violence) 的某物，視覺無法察知的某物。從政黨第二次輪替後的今日回望，臺灣的命運始終無法逃離外來的殖民，一再對立的意識形態與糾葛，讓這個可愛島嶼經歷無數次的撕裂與傷害，建構臺灣主體性成為極度艱辛的工作。

透過日治時期家族史、總督府農事試驗場與製糖工場檔案考掘思考「殖民現代性」，反覆出現的是傅柯（Michel Foucault）關於「統理性」（governmentality）的概念。藉由制度、機構、權力、知識體系和統治的角度，傅柯從統理性析論文化治理的意義與權力、政府統理與政策制度、知識形式與能動者等之間複雜的網絡關係，並以此做為剖析威權式文化統治的批判思維與文化治理技術的基礎，涵蓋文化治理轉變的過程中所涵蓋的治理正當性、資源分配性、社會控制力等議題。

查閱日治時期《日治時期臺灣公學校與國民學校國語讀本》，對照一九七〇年代國民政府的蔣介石偉人傳說，筆者聯想到安東尼奧・葛蘭西（Antonio Gramsci）的「文化霸權理論」(Cultural Hegemony)，在權力上位的統治階層為了形塑其統治的合法性、合理性與正當性，經由日常生活中的文化價值、規範、理念、信仰進行操控，採用各種文化傳播工具，如文化產品、文化資源、文化人才等，建構主流文化秩序。為了降低其統治的成本與阻力，藉由非暴力、非武力的方式使被統治的社會大眾不自覺的產生認同，透過社會與文化生活的支配與宰制權力，社會思想意識無形中為主流文化所支配。無論是皇民化政策或者是「中華文化復興運動」，目的都在意圖使人民失去自由意志，亦成為阿圖塞（L. Althusser）筆下「意識型態國家機器」(Ideological State Apparatuses) 所操控的對象。

社會的控制與權力轉換在各種場域與機制中進行串連，將文化的「無意識性」(cultural unconscious)

昭和十九年山崎、內村兩君入營紀念寫真

作為中介以維持社會現存的架構，布迪厄指出，它實施的過程中是由暴力對象以他者的自我異化方式來進行的，被統治者協助統治者統治自己／被剝奪者協助剝奪者剝奪自己／被閹割者協助閹割者閹割自己。在各領域中社會階級鬥爭之權力關係隱藏著我們看不見的轉換，呈現為符號暴力，而主宰與統治階層可以將意識，以合法性的形態與偽裝，控制著喪失了主體性的被主宰階層。在文字間，我思索著，是否自己也落入了宰制的迴圈。

蕭伊伶

二〇一六年九月二十八日

於臺南市官田區大崎村，國立臺南藝術大學

家族相簿。

家祖母蕭陳換，在十六歲時便跟隨日籍杉本醫生在水里鎮上行醫，六年時間學習了護理相關知識。最左為家祖母。

家祖母蕭陳換與其母親及外祖母家人於合影。後排左邊站立者為蕭陳換。

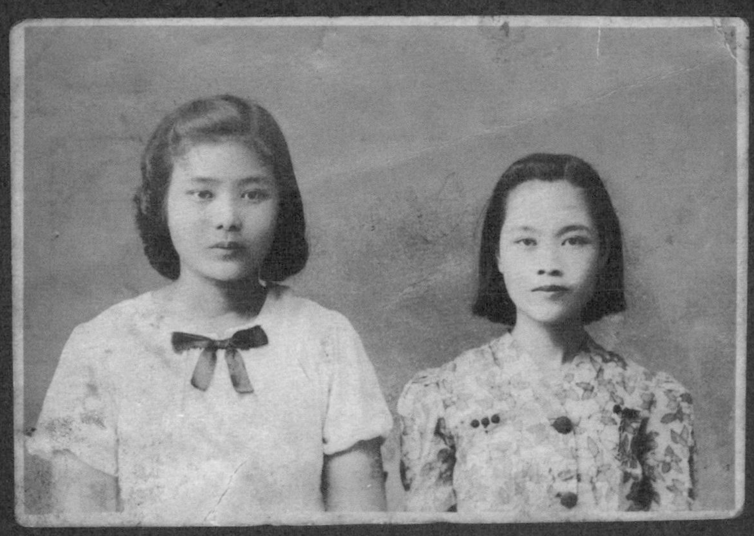

在家族照片中，除了曾祖父的影像，家祖母蕭陳換芳華正盛的美麗身影也多有留存。左為家祖母。

家祖母蕭陳換與父母家人於南投郡溪家中合影。最右邊為其身影。

家祖母蕭陳換與杉本醫院中的同事及杉本太太合影。前坐者左起第一位為家祖母。

家祖母蕭陳換與家人同遊日月潭留影。左起第三位拿著杵棒的是家祖母蕭陳換。

家祖母蕭陳換與杉本醫院中的同事合影。前蹲者左起第一位為家祖母。

曾祖母蕭吳鑾

一九五六年兒童節攝影於苓洲國校留念

家族相簿裡，留下許多家父蕭君在童年時期在苓洲國校就讀的團體照（1956年）。

日治時期初中早操，地點無法分辨。

家祖母蕭陳換與杉本醫院中的同事合影。右起第二位為家祖母。

家族相簿裡留存的日治時期師生合影，無法得知
是哪一位姑婆的童年照片。

曾祖父蕭水妹參加勸業課的假裝行列。

家祖母蕭陳換與杉本醫院中的同事合影。後排站
立者為家祖母。

家祖母蕭陳換

家祖母蕭陳換與杉本醫院中的同事合影。中坐者為杉本太太，相片中唯一的男性為杉本醫生兒子，前坐者右起第一位為家祖母。上世紀七零年代，杉本母子曾到高雄與祖母相聚。

家祖父蕭啟堂與同學合影。最後排挺立者為家祖父。

家祖母蕭陳換與杉本醫院中的同事合影。前坐者
右起第一位為家祖母。

家祖母蕭陳換與杉本醫院中的同事合影。前蹲者左起第一位為家祖母。

家祖母蕭陳換與家祖父蕭啟堂日常生活合影

家祖母蕭陳換

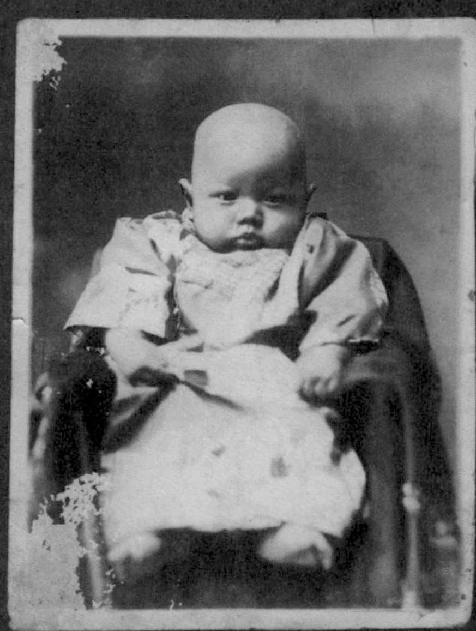

家父蕭君在四個月大時留影

家祖母蕭陳換與家祖父蕭啟堂日常生活合影。中坐者為曾祖母蕭吳鑾，左起立者第一位為筆者大姑蕭秀枝，左起立者第二位為筆者父親蕭君在，地點應是苓雅寮四維路上舊宅。

家族相簿裡，家父蕭君在童年時期苓洲國校師生合影（1955年）。

家族相簿裡，家父蕭君在童年時期苓洲國校師生合影（1954年）。

日治時期家族合影，
中坐者身著文官制服
者為曾祖父蕭水妹。

二次戰時被盟軍轟炸身亡的大姑婆蕭玉嬌

家祖母蕭陳換與杉本醫院中的同事合影。前蹲者右起第一位為家祖母。

杉本醫生日籍家人在臺灣旅行留影。前排右起第一人為杉本太太。

同學联誼會留念 44.8.7

民國四十四年．祖父蕭啟堂帶著家父蕭君在參加岡山國民學校同學會（1955年）。

家父蕭君在童年時期苓洲幼稚園師生合影
（1952年）

家父蕭君在童年時期苓洲國校師生合影（1953年）。

祖母蕭陳換與杉本醫生一家合影，前排坐者右起第二人為杉本醫生。後排站立者右起第一人為家祖母。

家父蕭君在童年就讀苓洲國校時期，師生至臺南安平古堡遠足合影。

祖母蕭陳換的父親陳尾，在南投新高山管理輕便車會社。

水里杉本醫院外觀

家祖母蕭陳換

家祖母蕭陳換與杉本醫院中的同事合影。左起第一位為家祖母。

家祖母蕭陳換與杉本醫院中的同事旅行合影。右起第一位為家祖母。

家祖母蕭陳換與杉本醫院中的同事合影。右起第二位為家祖母。

家祖母蕭陳換與杉本醫院中的同事合影。左起第一位為家祖母。後方站立者為杉本醫生。

家祖母蕭陳換與其母親及妹妹合影。左起第一位
為家祖母。

家祖母蕭陳換與杉本醫院同事合影。右起第三位為家祖母。

家祖母蕭陳換與杉本醫院同事合影。站立者左起第二位為家祖母。

家祖母蕭陳換與家人到日月潭旅行合影。

家祖母蕭陳換與杉本醫院同事合影。坐者左起第一位為家祖母。

蕭水妹手記簿。

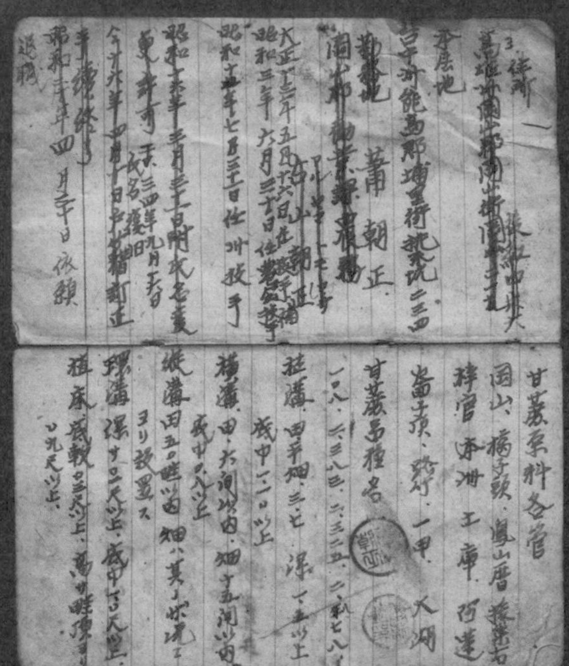

住所與本居地，以及簡歷與外勤事務等記載。

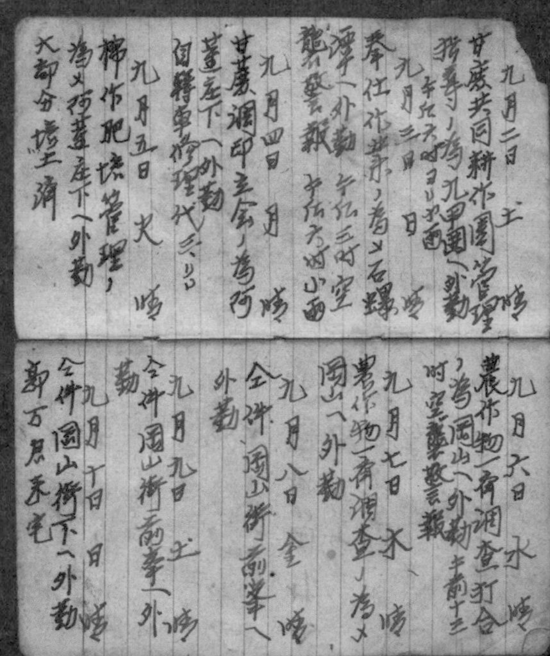

甘蔗生產管理調查及外勤等事項記載（1944.9.2-9.10）

九月十一日 月 晴
農作物一斉調査ノ為メ
前峯ヘ外勤
九月十二日 火 晴
仝件 岡山、前峯ヘ外勤
九月十三日 水 晴
仝件 岡山街岡山ヘ外勤
九月十四日 木 晴
仝件 前峯ヘ外勤
宿直、空襲警報
九月十五日 金 晴
仝件 岡山街在下ヘ外
勤 午后六時ヨリ降雨
作物調査検討

九月十六日 土 晴
仝件 岡山街岡山ヘ外勤
九月十七日 日 晴
仝件 岡山街岡山ヘ外勤
打合ワセ事項ノ準備
基成屏東ニ遠足
九月十八日 月 晴
農事打合会ノ為メ諸準備
内勤
九月十九日 火 晴
甘蔗減反打合会 午前
中内勤 午后外勤
九月二十日 水 晴
甘蔗共同耕作園 校村
指導ノ為メ 番ヘ外勤

於岡山出勤紀錄及農作物調查等事宜（1944.9.11-9.20）

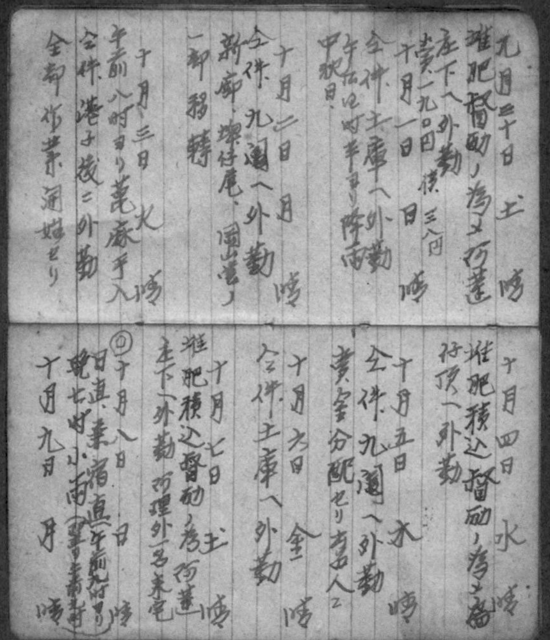

任堆肥督導官職期間等記載（1944.9.30-10.9）

甘蔗生產共同作業指導等記載（1944.9.21-9.29）

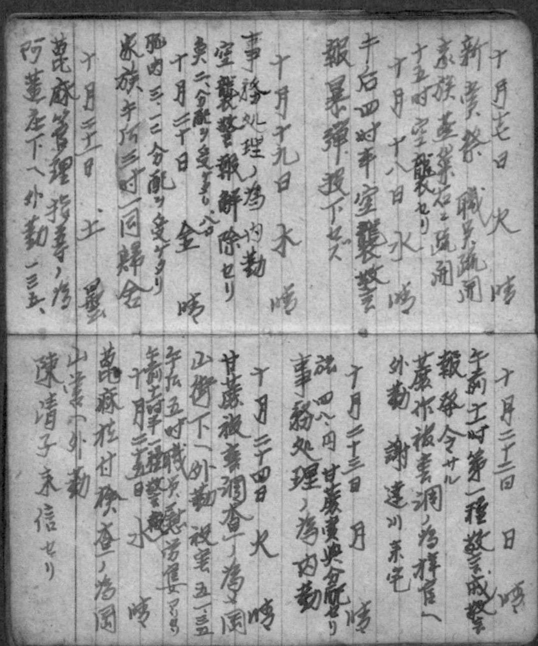

外勤事務相關調查等記載（1944.10.17-10.25）

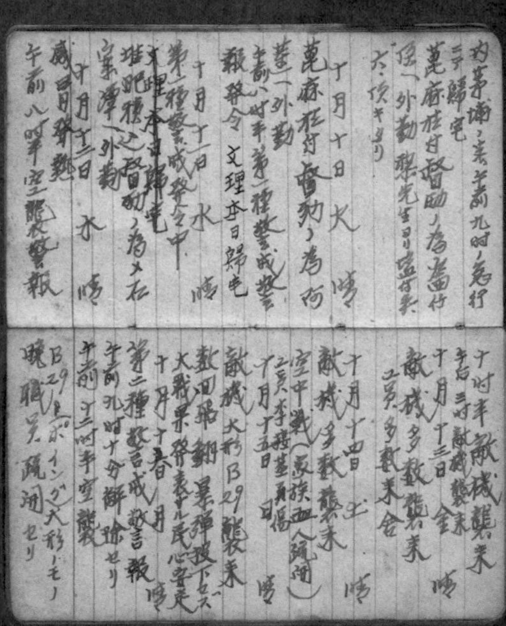

外勤督導期間等記載（1944.10.10-10.16）

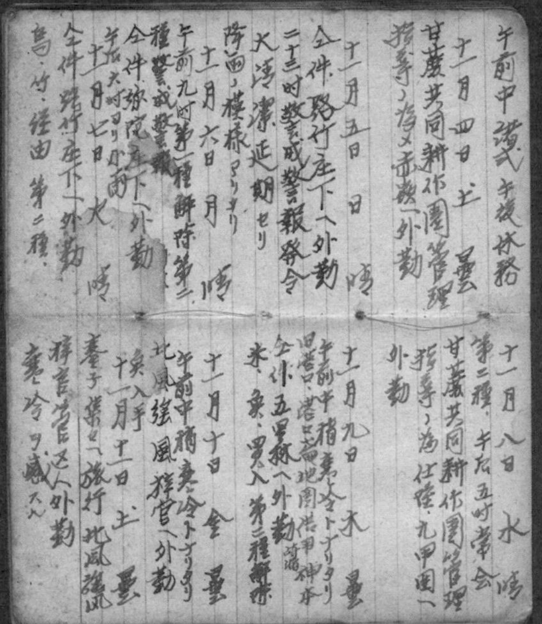
甘蔗耕作管理指導及審查事宜等記載（1944.11.4-11.11）

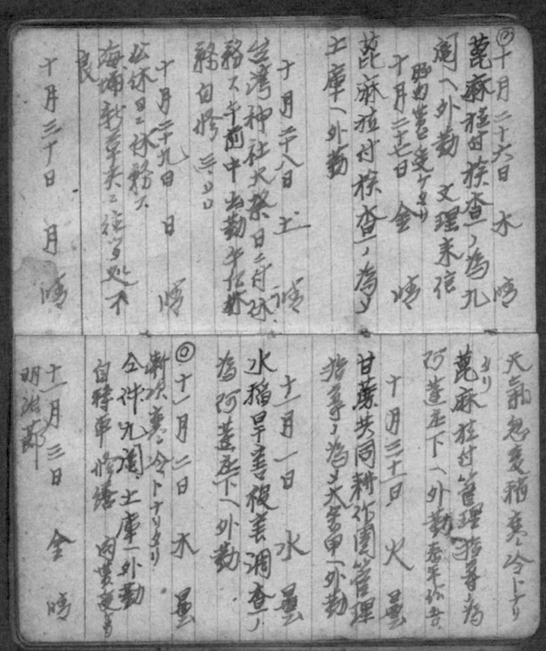
農作參與分配及事務處理等記載（1944.10.26-11.3）

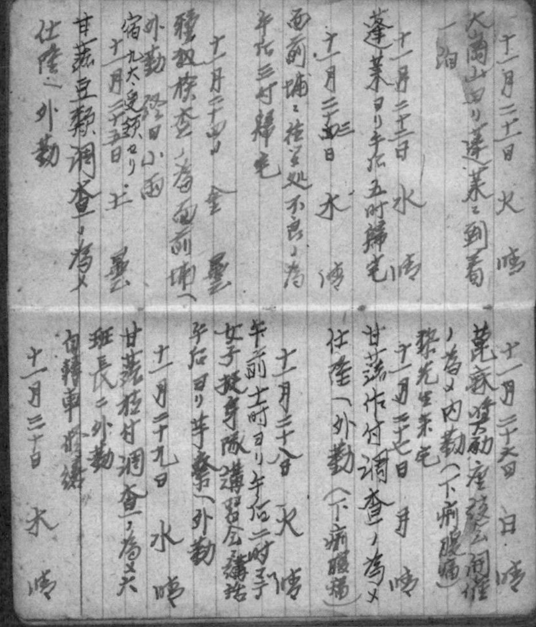
大崗山蓬萊米及甘藷種植期間等紀錄（1944.11.21-11.30）

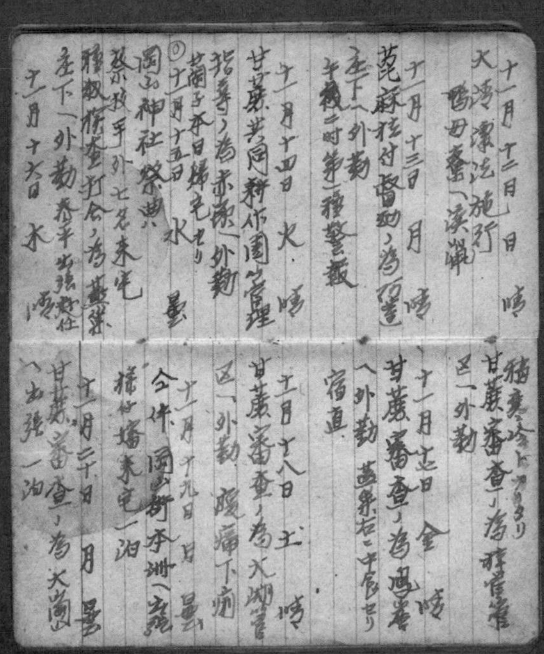
任外勤督導期間農作物生長紀錄等記載（1944.11.12-11.20）

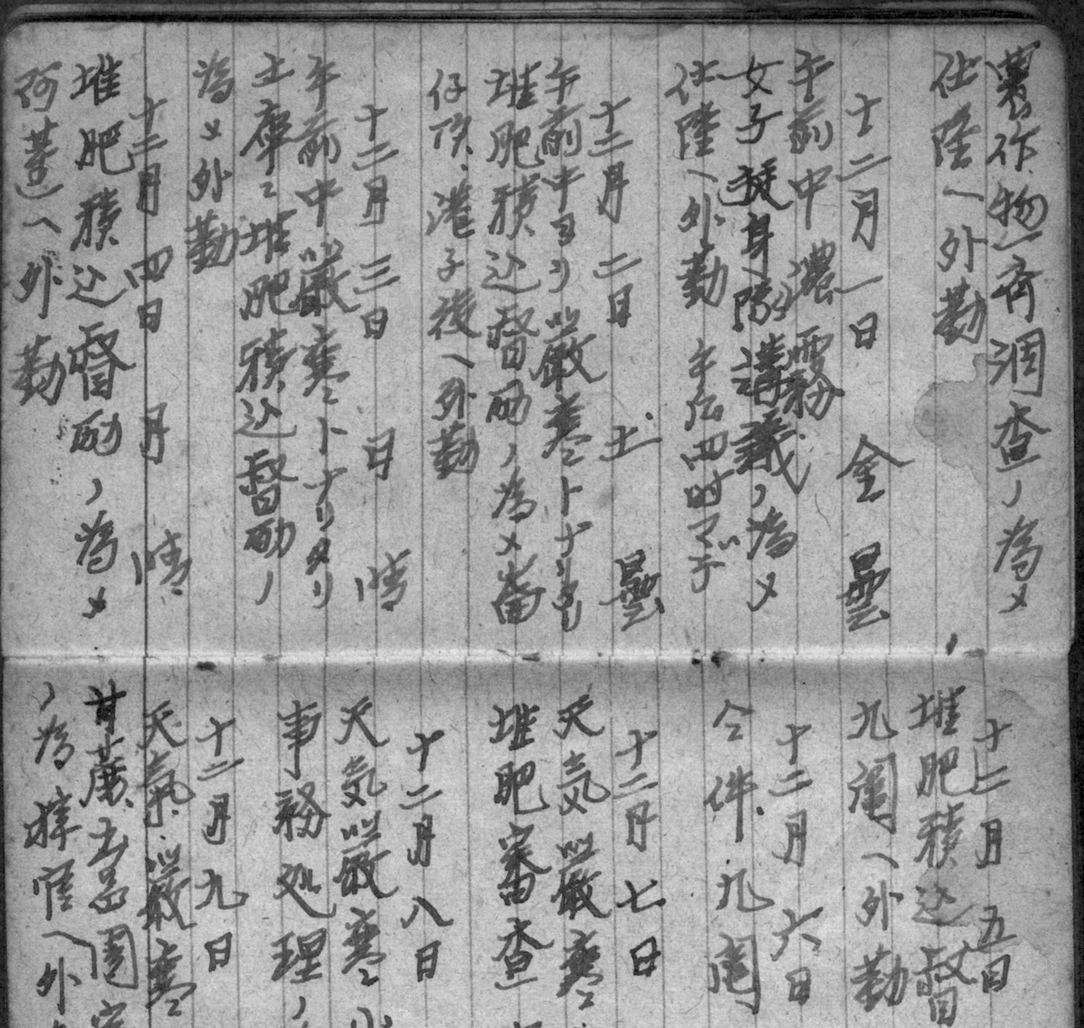

農作物調査ノ為メ
仕隆ヘ外勤

十二月一日 金 曇
午前中農務
女子挺身隊講義ノ為メ
仕隆ヘ外勤 午后四時マデ

十二月二日 土 曇
午前中ヨリ嚴寒トナリタリ
堆肥積込督励ノ為メ番
仔脚、港子後ヘ外勤

十二月三日 日 晴
午前中嚴寒ニトナリタリ
土庫ニ堆肥積込督励ノ
為メ外勤

十二月四日 月 晴
堆肥積込督励ノ為メ
阿蓮ヘ外勤

十二月五日 火 曇
堆肥積込督励ノ為メ
九圍ヘ外勤

十二月六日 水 曇
今井、九圍ヘ外勤

十二月七日 木 曇
天氣嚴寒ニ小雨
堆肥審査中給当戴

十二月八日 金 曇
天氣嚴寒ニ小雨
事務処理ノ為内勤

十二月九日 土 曇
天氣嚴寒ニ小雨
甘蔗、玉蜀圍審査準備
ノ為楠梓ヘ外勤

農作物調查及堆肥督導等記載（1944.12.1-12.9）

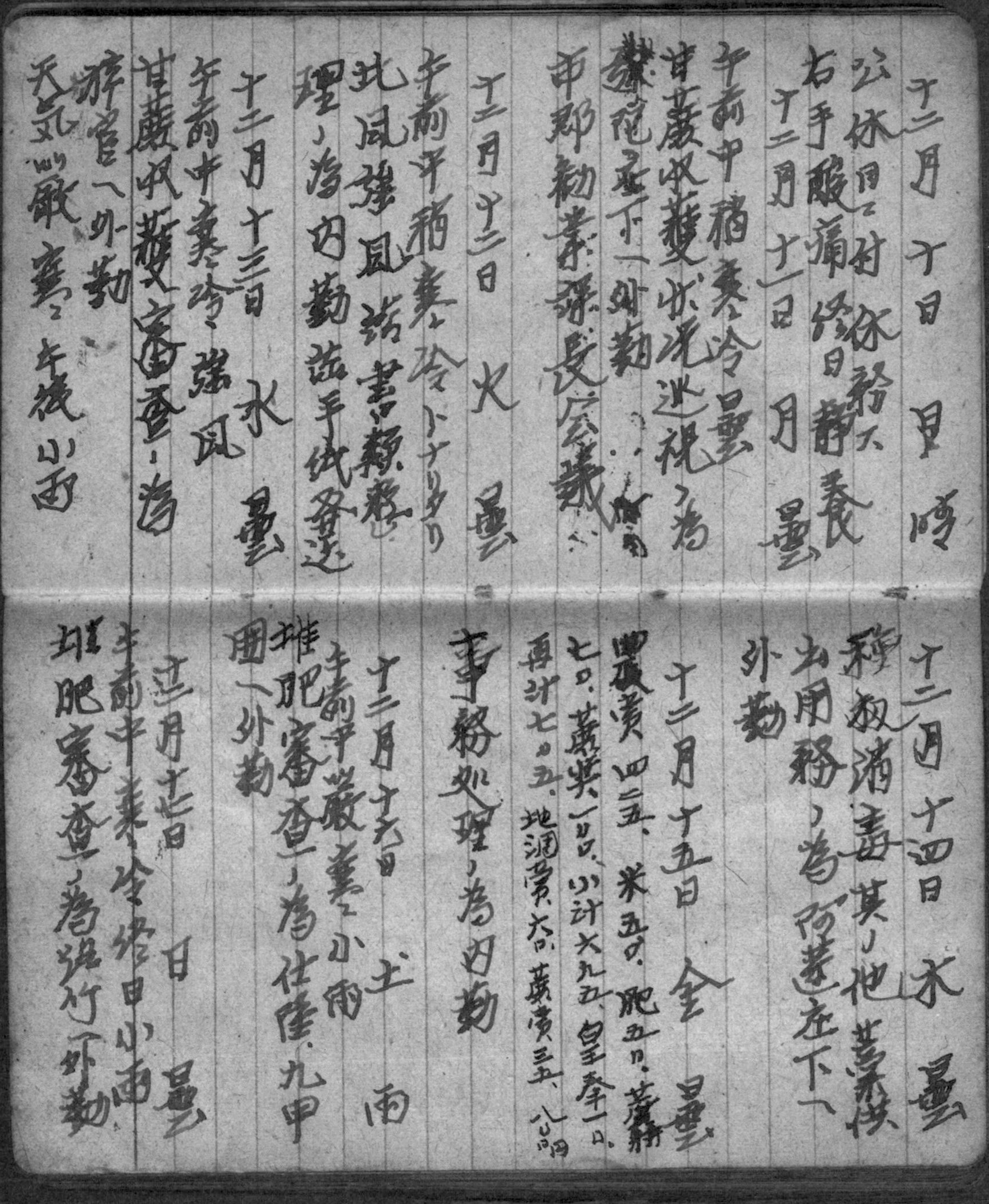

十二月十日 日 晴
公休日ニ付休務ス
右手酸痛ノ為終日静養
十二月十一日 月 曇
午前中稍寒冷 曇
甘藷収穫状況巡視ノ為
鵞龍巒下ヘ外勤
市郡勧業課長会議
十二月十二日 火 曇
午前中稍寒冷トナリタリ
北風強風 諸書類整
理ノ為内勤 諸手続発送
十二月十三日 水 曇
午前中寒冷 強風
甘藷収穫審査ノ為
[illegible]官ヘ外勤
天気ヨリ厳寒 午後小雨

十二月十四日 木 曇
種痘消毒其ノ他業務
出用務ノ為阿[illegible]庄下ヘ
外勤
十二月十五日 金 曇
農業實四二五、米五〇、肥五〇、蔬菜
七〇、蔬菓一〇〇、小計六九五、畜牽一〇、
再計七〇五、地租費六〇、蔬費三五、八〇四
事務処理ノ為内勤
十二月十六日 土 雨
午前中厳寒ニ小雨
堆肥審査ノ為仕隆、九甲
冊ヘ外勤
十二月十七日 日 曇
午前中寒冷 終日小雨
堆肥審査ノ為海竹ヘ外勤

堆肥審查及相關事務處理等記載（1944.12.10-12.17）

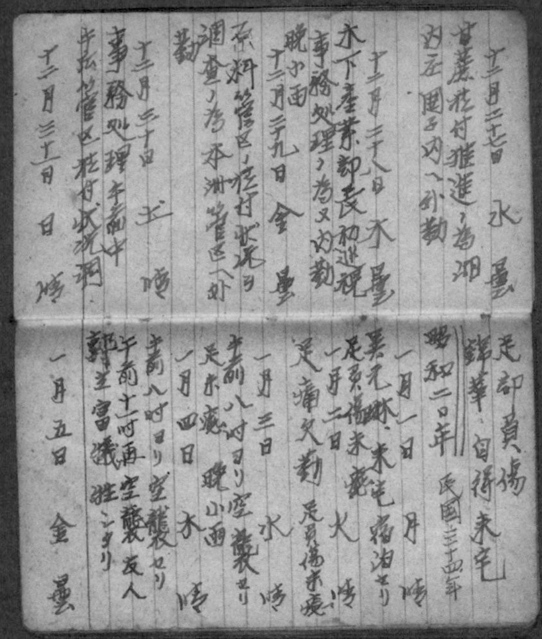

甘蔗種植各項事宜，期間足部負傷等記載（1944.12.27-1945.1.5）

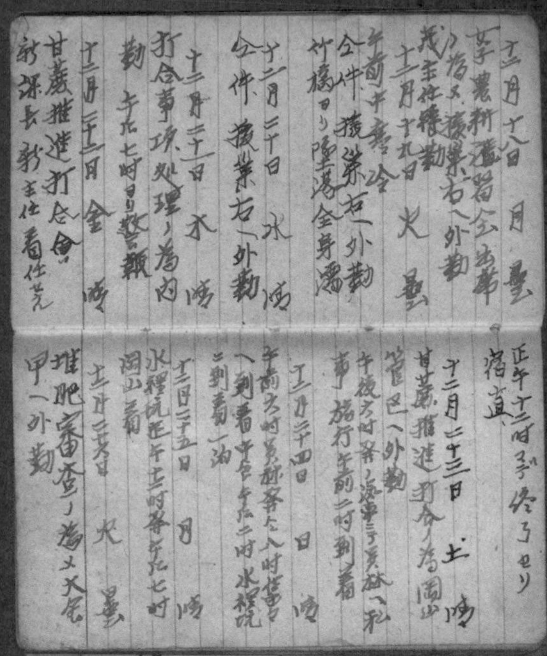

農作物調查事項及工作等紀錄（1944.12.18-12.26）

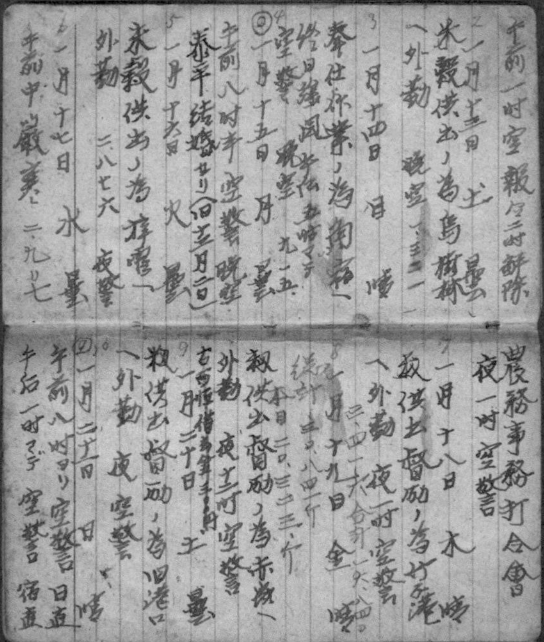

米穀供出及農務事務打合會等紀錄（1945.1.13-1.21）

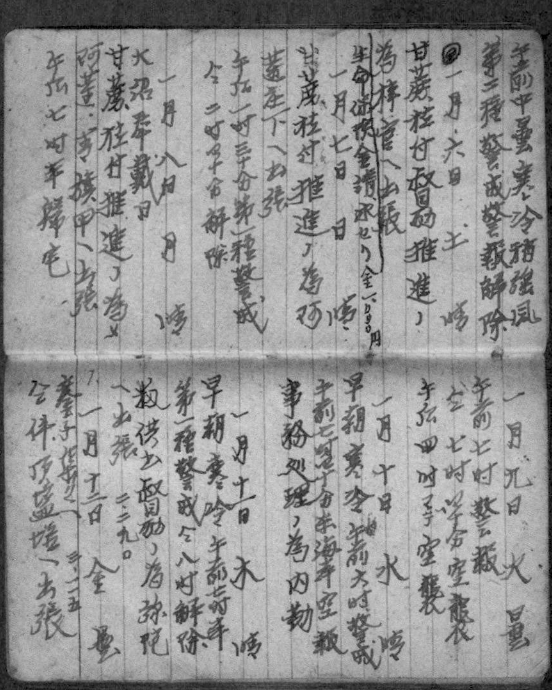

農作督導推進事務處理等記載（1945.1.6-1.12）

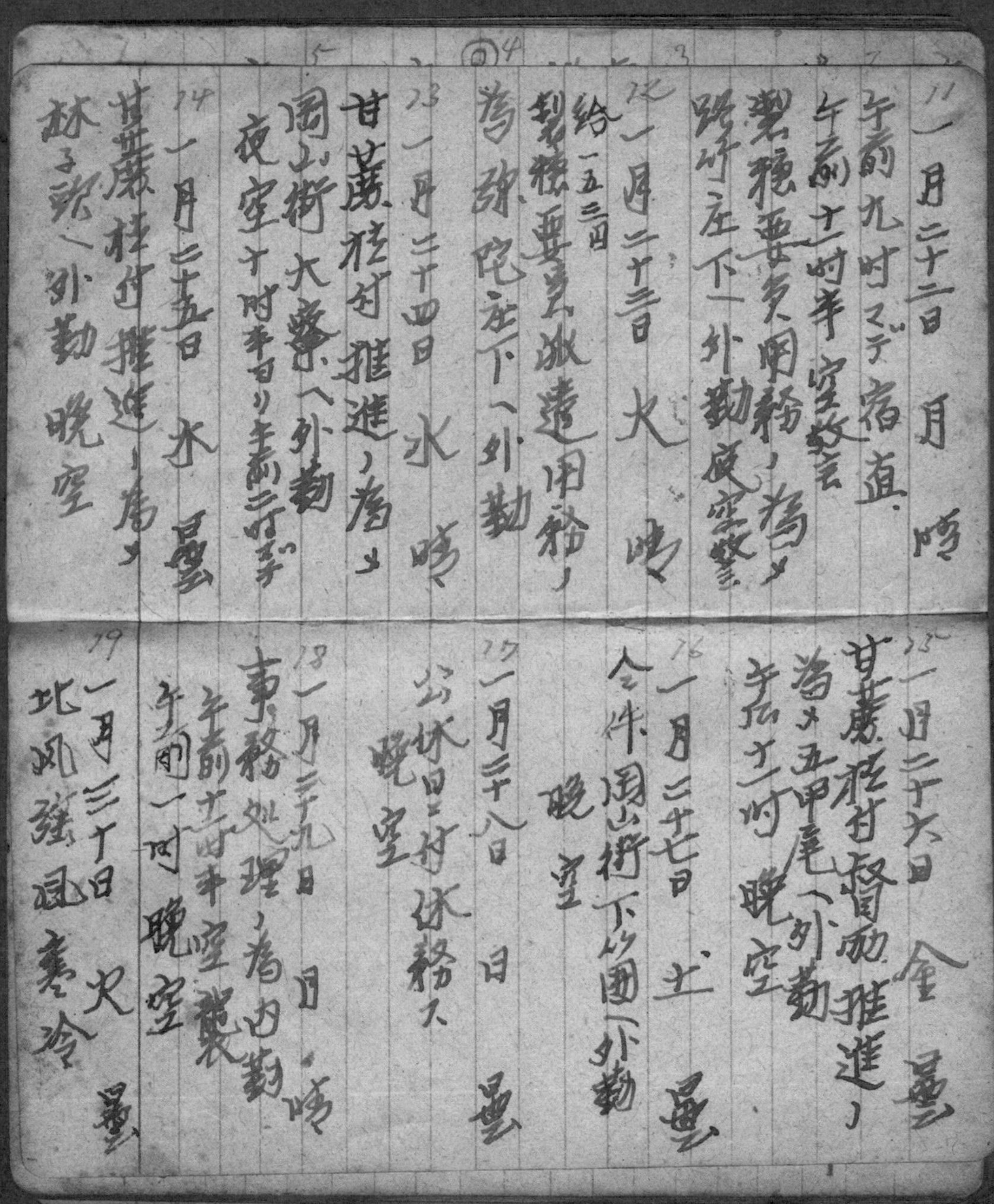

外勤事務等記載（1945.1.22-1.30）

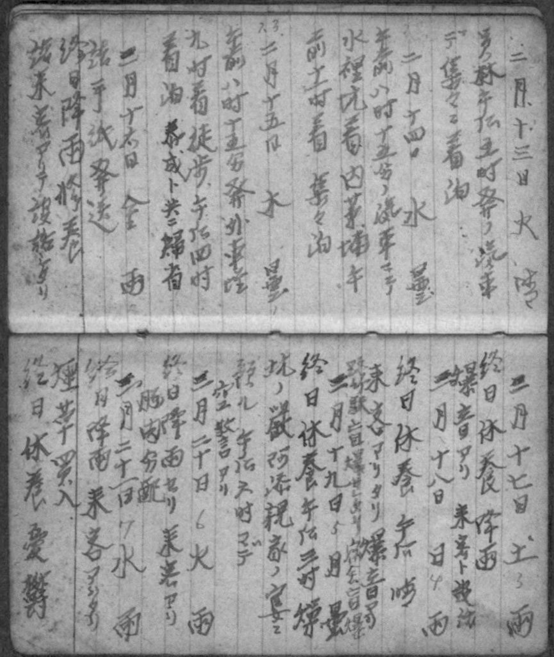

休養期間生活事宜等紀錄（1945.2.13-3.21）

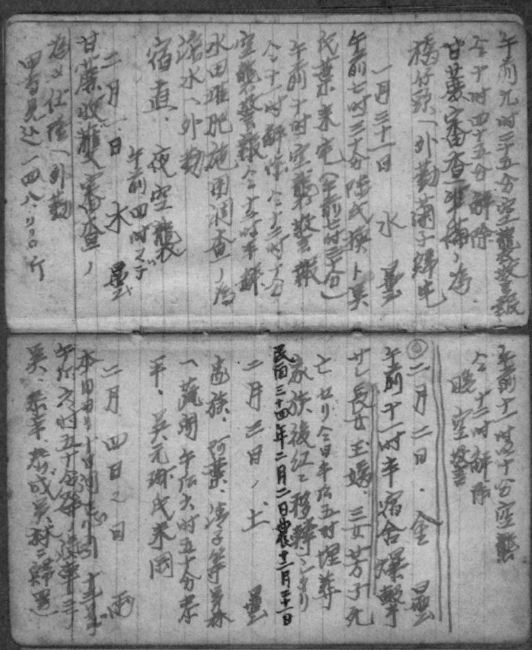

甘蔗審查事項、堆肥施用調查，以及兩個女兒遭盟軍轟炸死亡等記載。（1945.1.31-2.4）

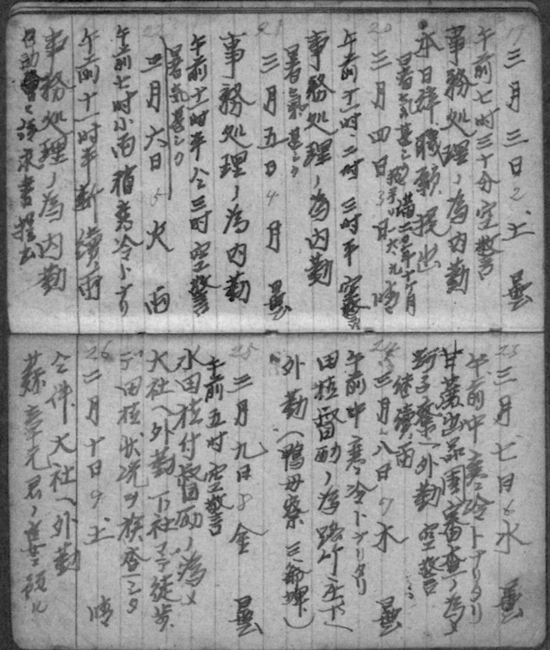

甘蔗出品團審查及工作事宜等記載（1945.3.3-3.10）

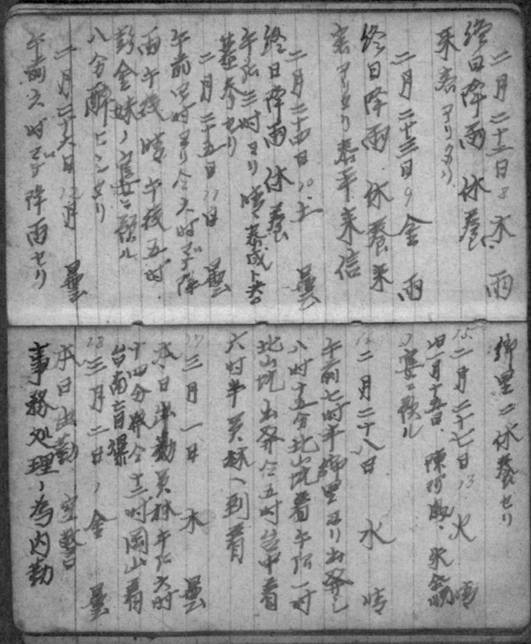

連日降雨、期間靜養等紀錄。（1945.2.22-3.2）

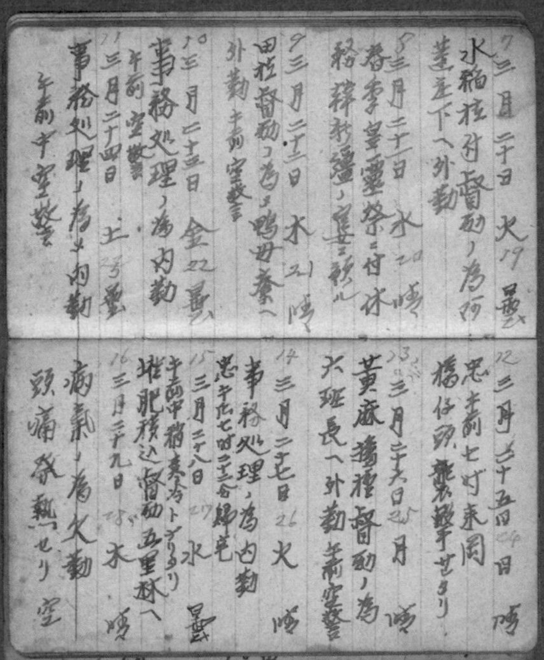

各項農作物種植事宜等紀錄（1945.3.20-3.29）

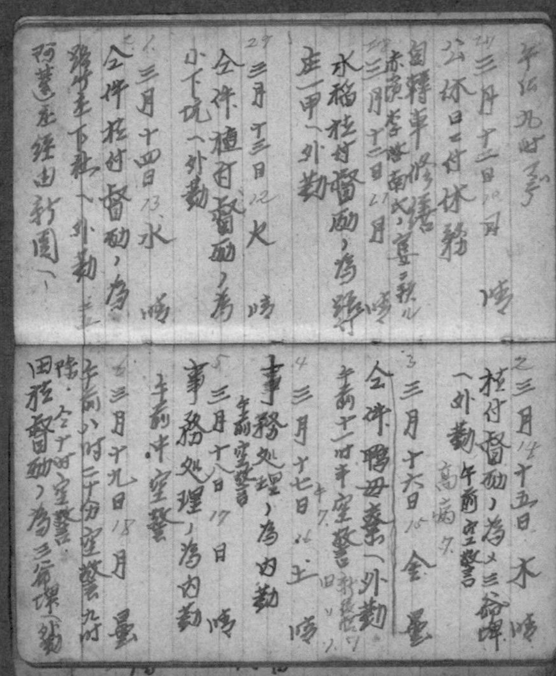

農作物管理及修繕等紀錄（1945.3.12-3.19）

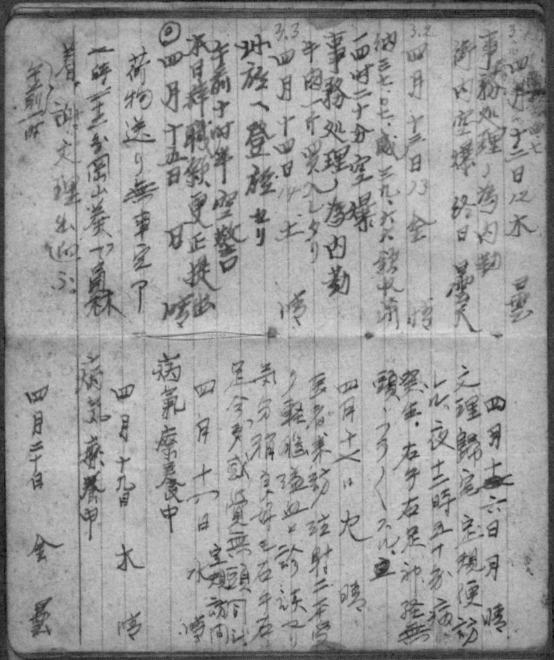

工作事項等紀錄（1945.4.12-4.20）

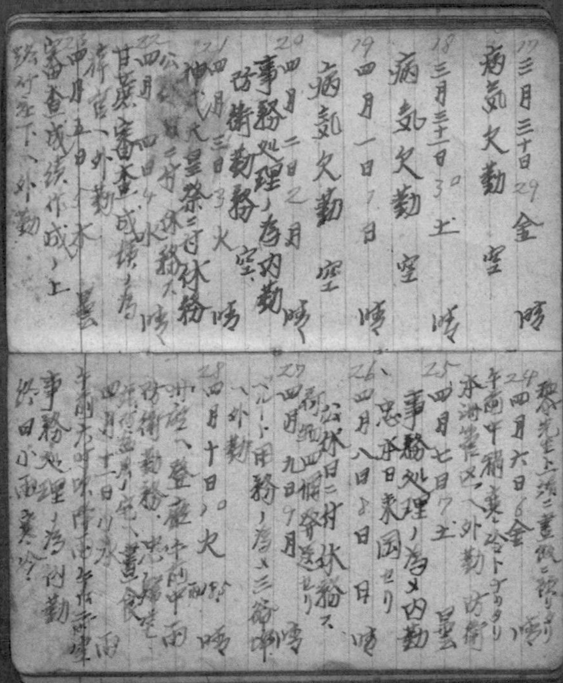

因病告假及內勤事務處理等記載（1945.3.30-4.11）

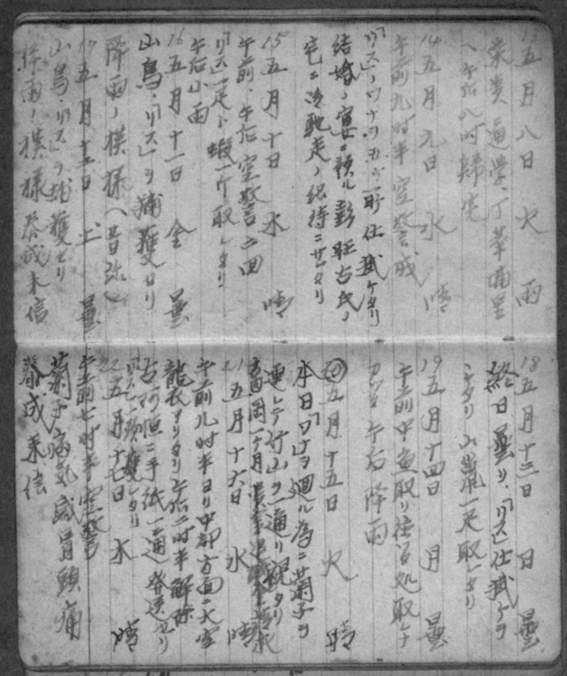

辦理泰平（蕭啟堂）結婚相關事宜等記載（1945.5.8-5.17）

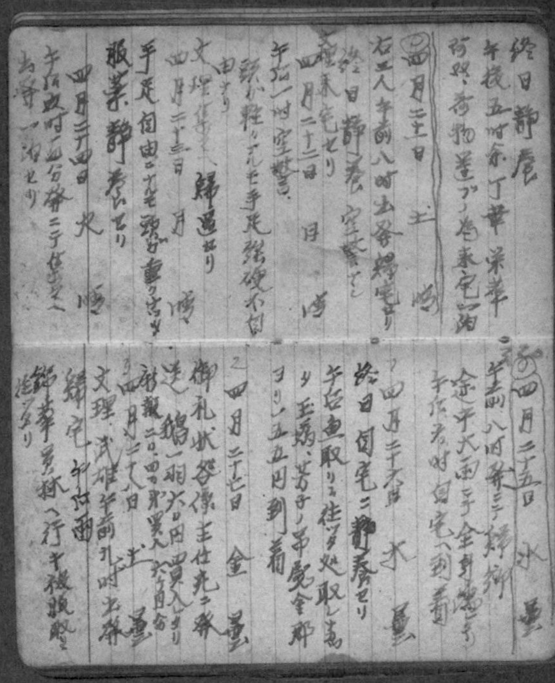

連日靜養期間等紀錄（1945.4.21-4.28）

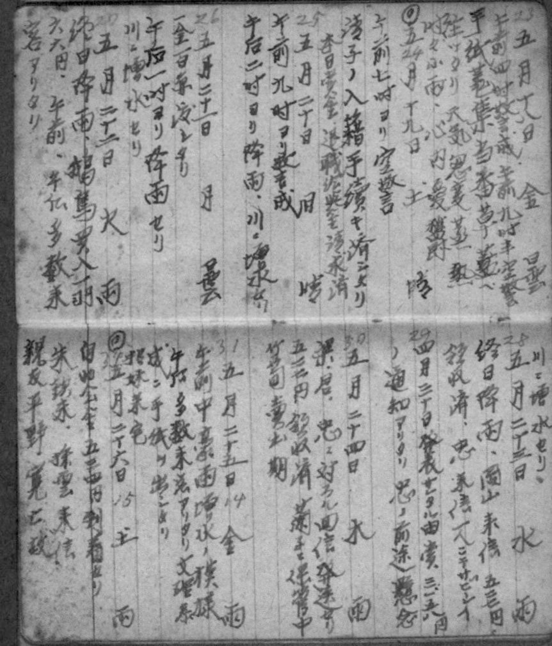

辦理入籍打狗（今高雄）手續及事項等紀錄（1945.5.18-5.26）

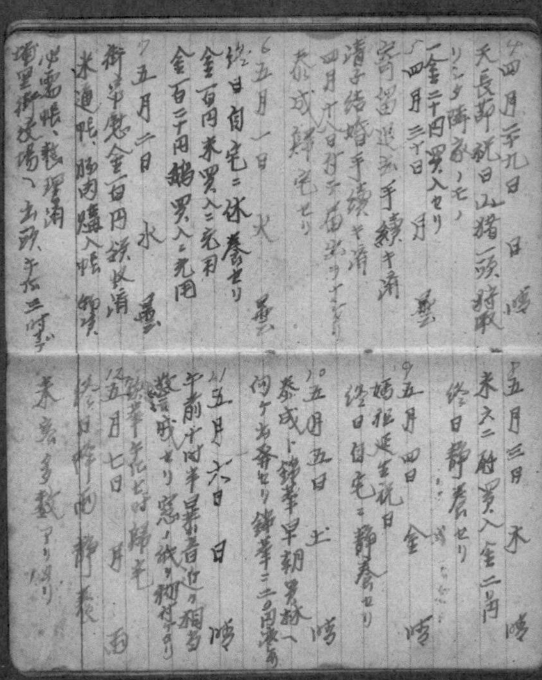

靜養期間各項事務等記載（1945.4.29-5.7）

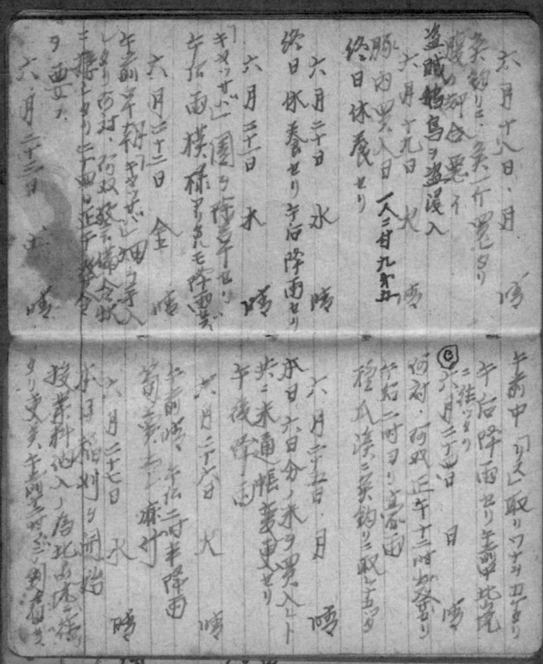

休息期間生活等紀錄（1945.6.18-6.27）

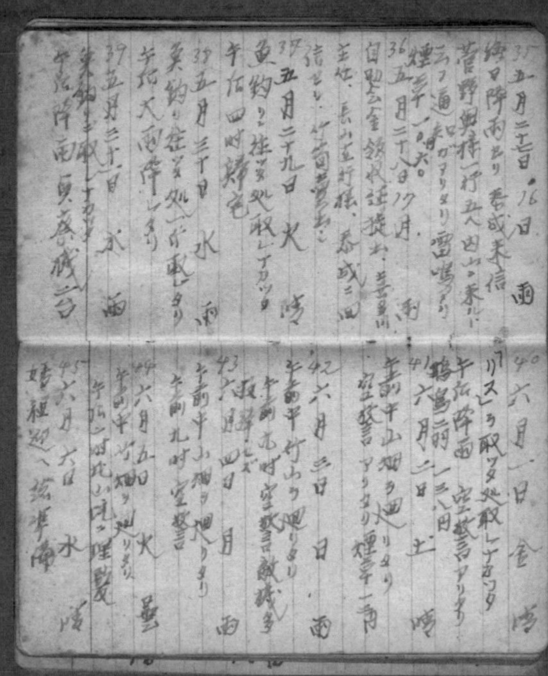

靜養期間生活等紀錄（1945.5.27-6.6）

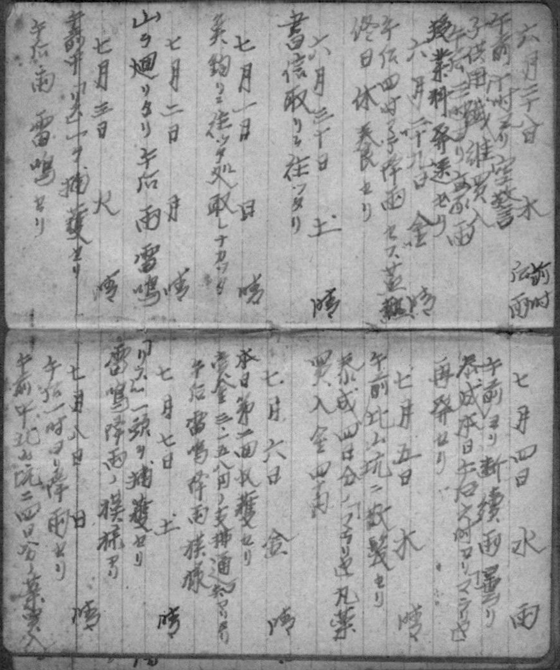

休息期間生活等紀錄（1945.6.28-7.8）

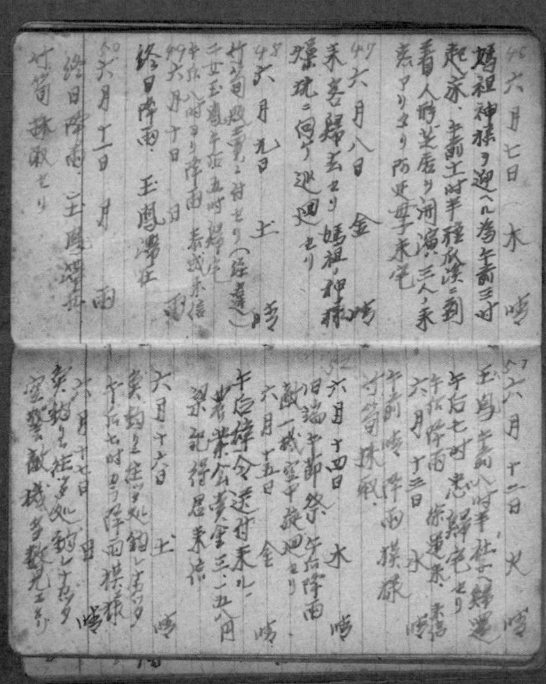

離職期間，觀看人形芝居、到媽祖廟參拜，投入新工作等記載。（1945.6.7-6.17）

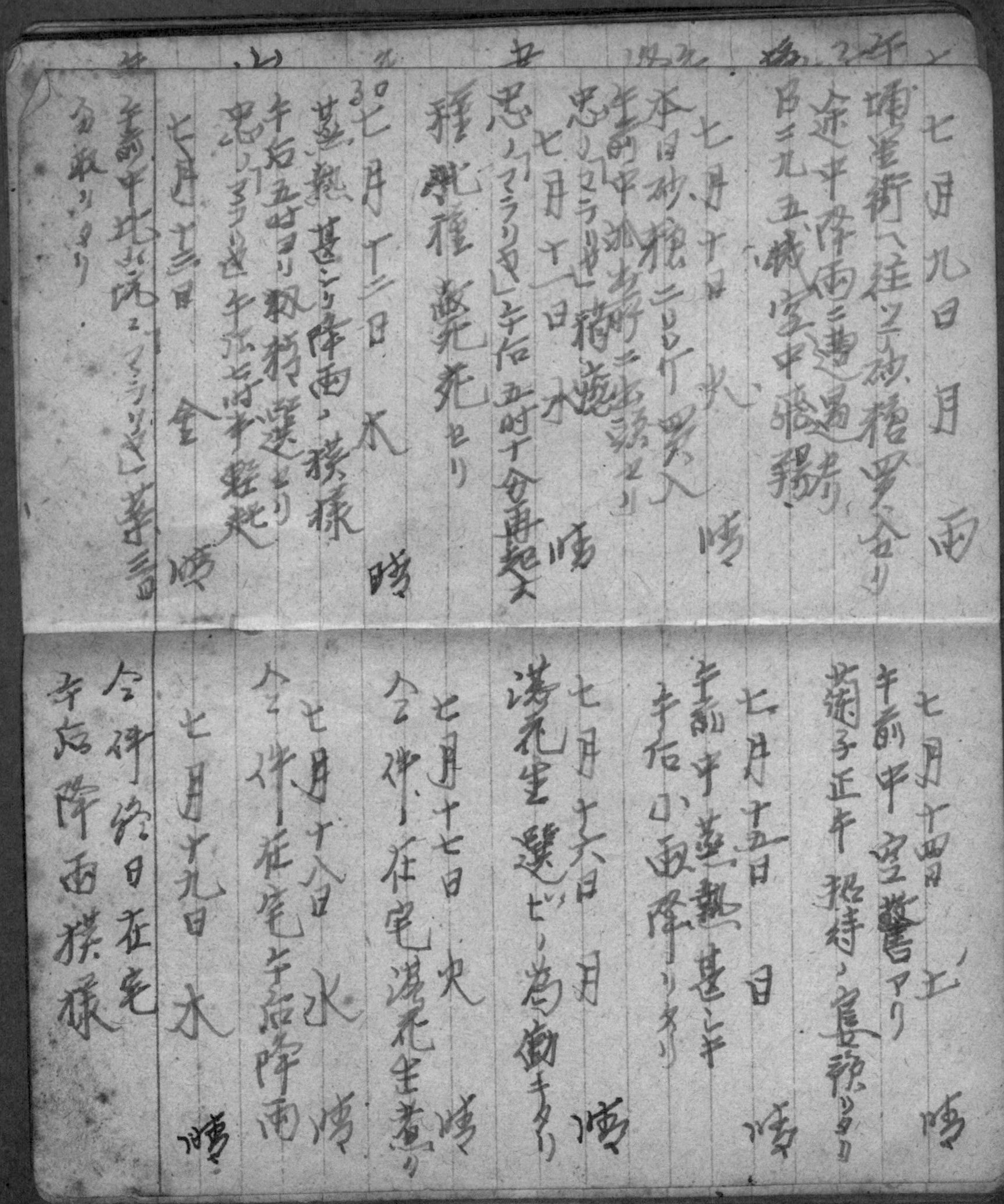

接任新工作事宜及輔助參選事務等記載（1945.7.9-7.19）

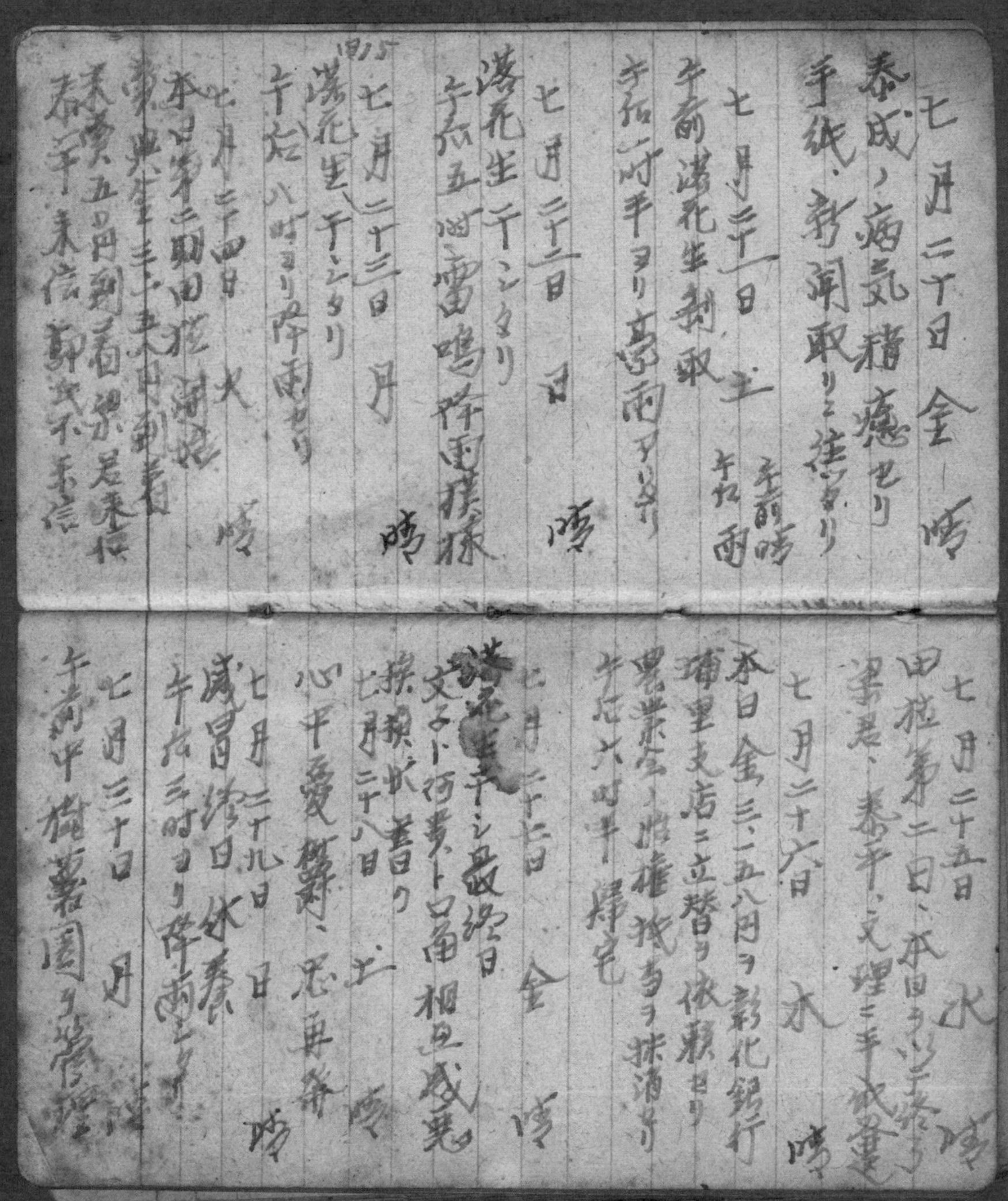

七月二十日　金　晴
春成ノ病気稍癒セリ
手紙、新聞取リニ往ケリ

七月廿一日　土　午前晴　午后雨
午前落花生剥取
午后一時半ヨリ豪雨アリタリ

七月二十二日　日　晴
落花生干シタリ
午后五時雷鳴降雨模様　晴

七月二十三日　月
落花生干シタリ
午后八時ヨリ降雨セリ

七月二十四日　火　晴
本日第二期田租納
第二期典金 … 到着
春成五円到着
春平来信　郭氏不来信

七月二十五日　水　晴
田租第二期、本日ヨリ完納ス
渠是、春平、文理ニ手紙遣ス

七月二十六日　木　晴
本日金三、一五八円ヲ彰化銀行
埔里支店ニ立替ヲ依頼セリ
農業会ノ債権抵当ヲ抹消ス
午后六時半帰宅

七月二十七日　金　晴
落花生干シ直シ終日
文子ト阿貴ト口角相出威嚇

七月二十八日　土　晴
操換状替リ
心中憂鬱、忍再発

七月二十九日　日　晴
感冒終日休養
午后三時ヨリ降雨セリ

七月三十日　月
午前中樹薯園ヲ管理

新工作各項事宜等記載（1945.7.20-7.30）

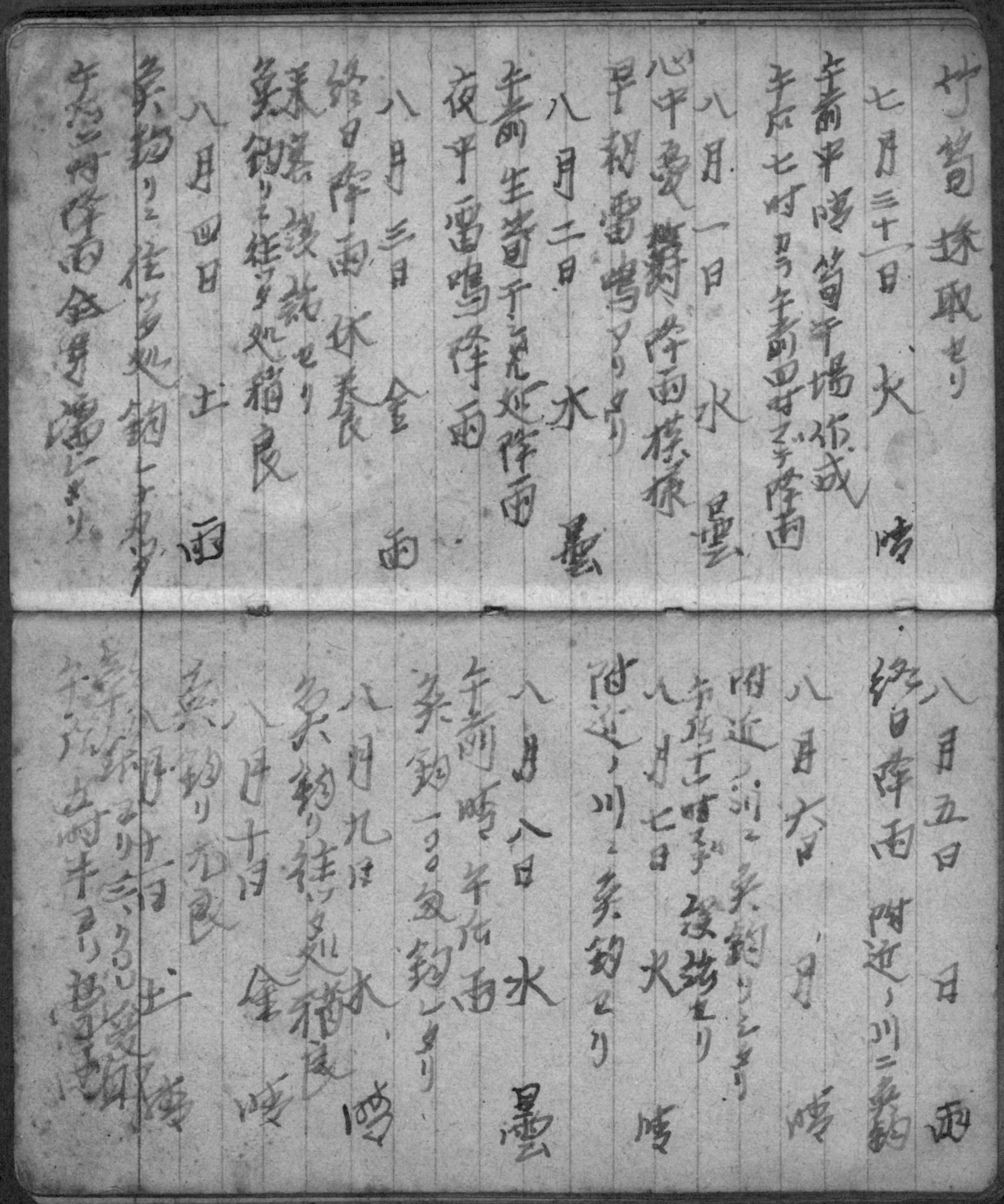

竹筍採收事宜等記載（1945.7.31-8.11）

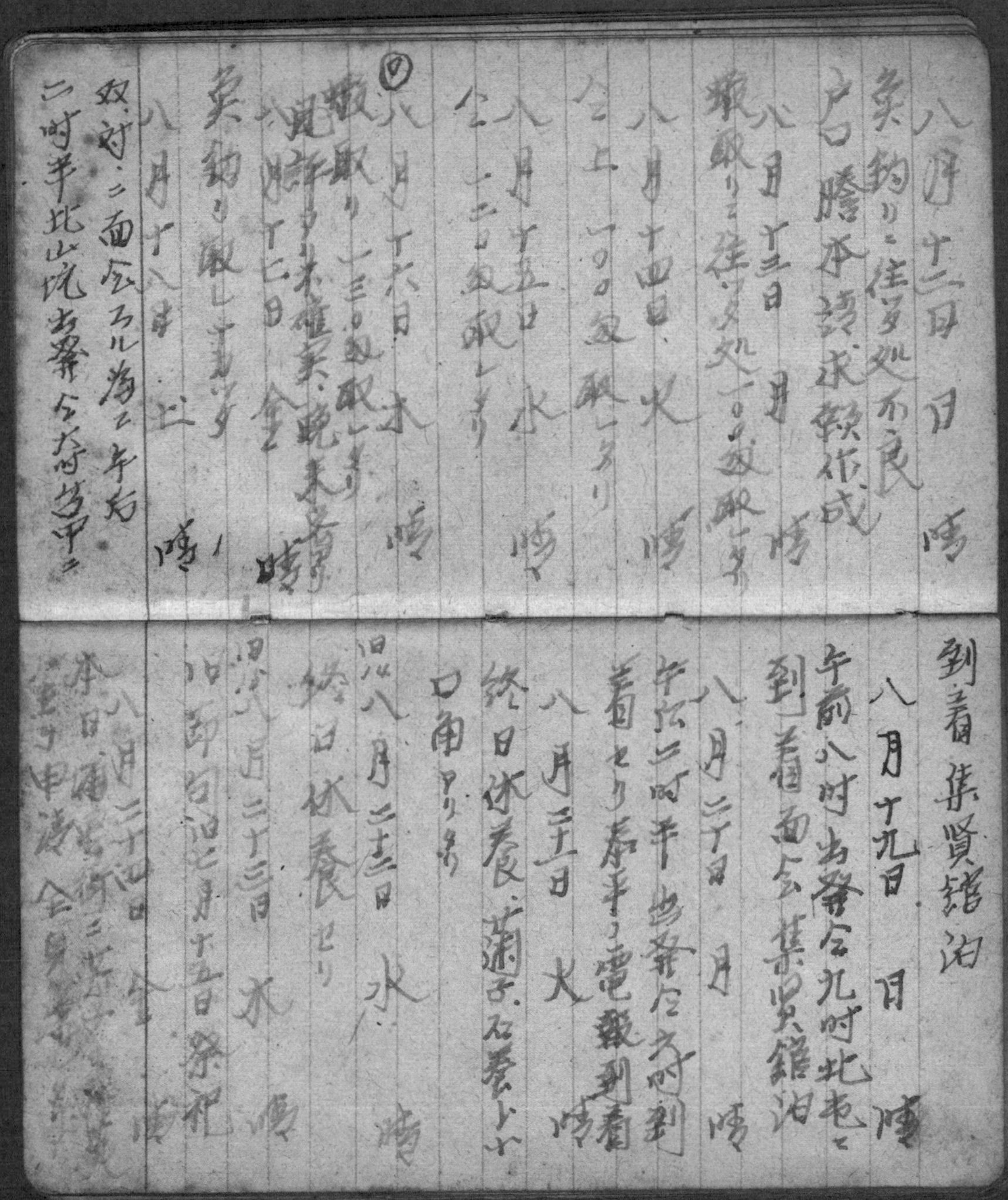

休養期間生活等紀錄（1945.8.12-8.24）

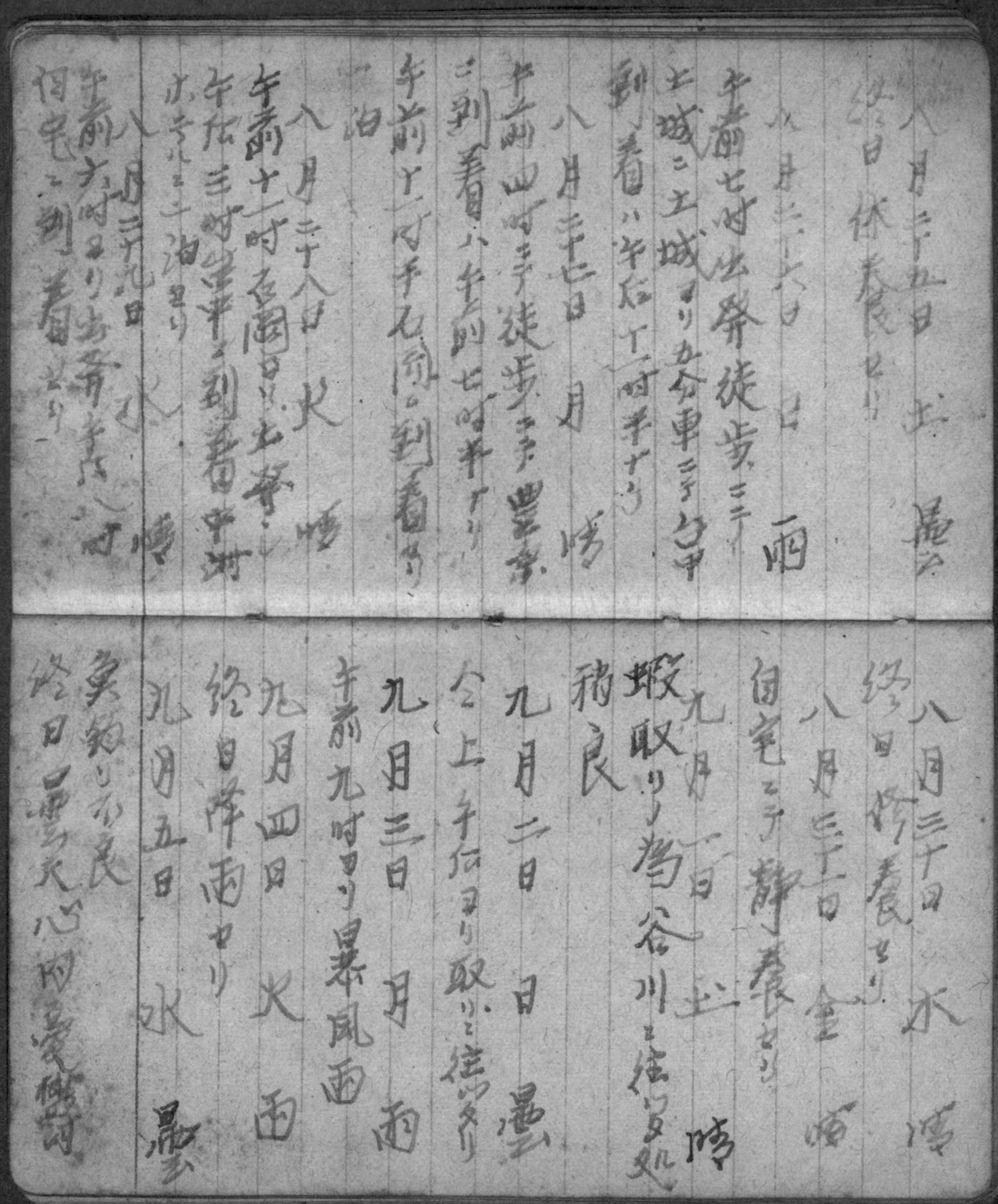

休養期間生活要事等記載（1945.8.25-9.5）

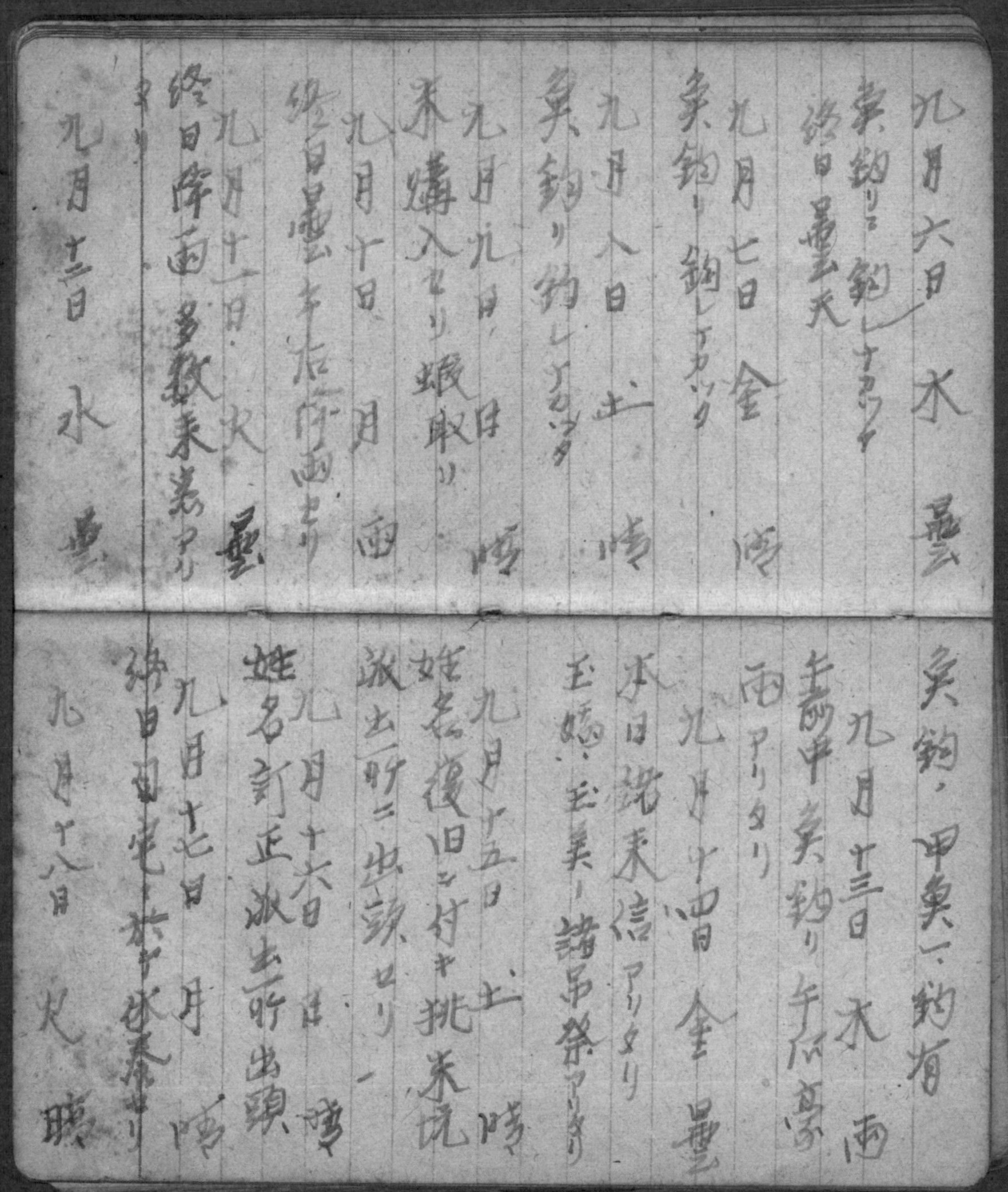

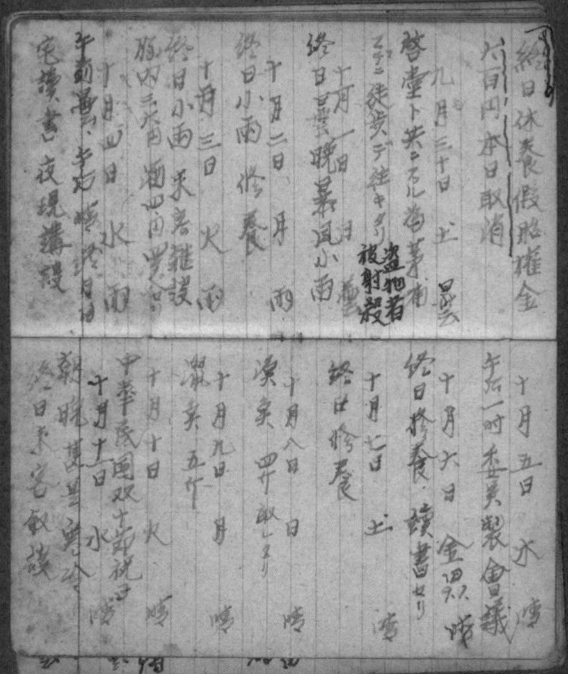

休養期間生活等紀錄（1945.9.30-10.11）

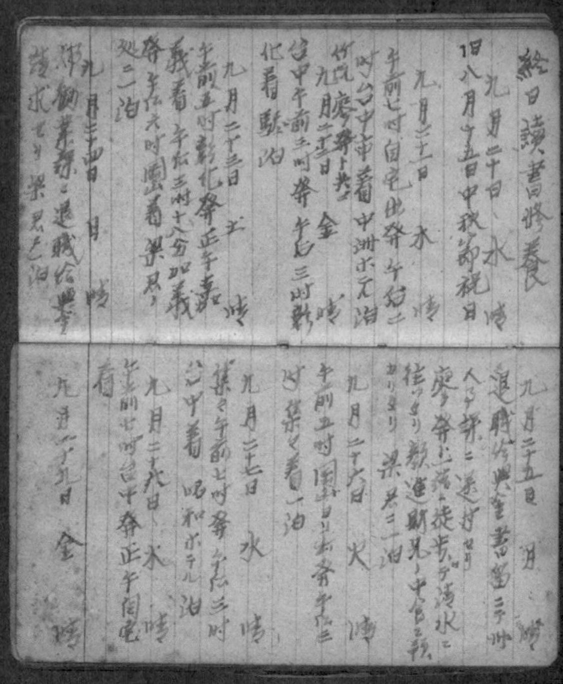

休養期間生活等紀錄（1945.9.20-9.29）

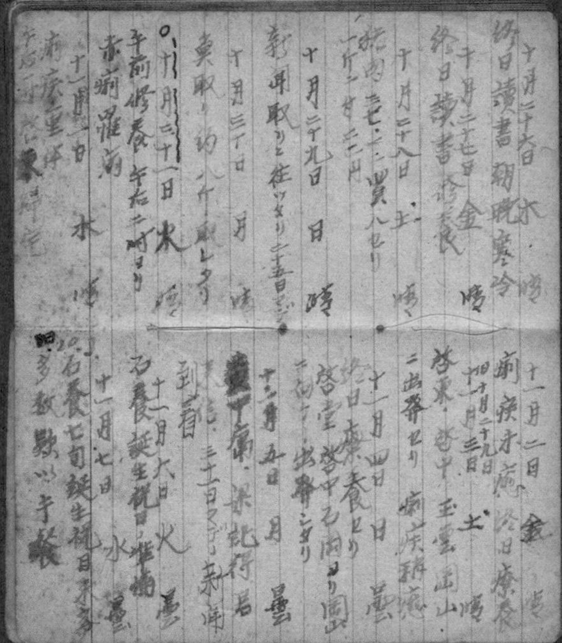

休養期間生活等紀錄（1945.10.26-11.7）

休養期間生活紀錄及準備遷居等記載（1945.10.12-10.25）

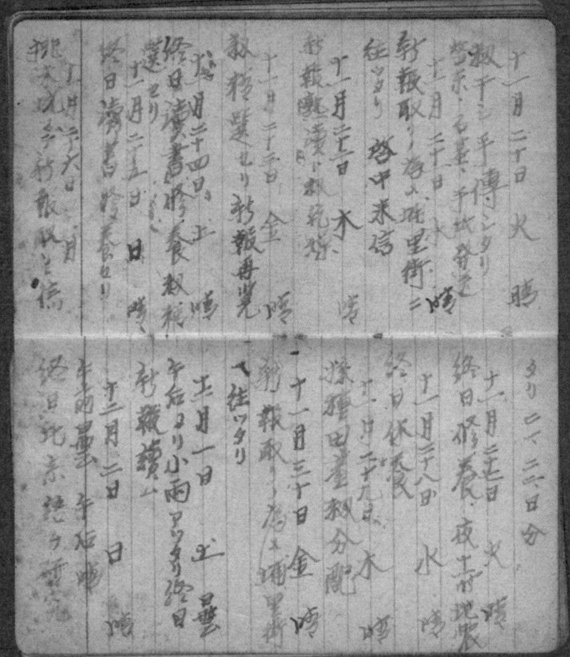
休養期間生活等紀錄（1945.11.20-12.2）

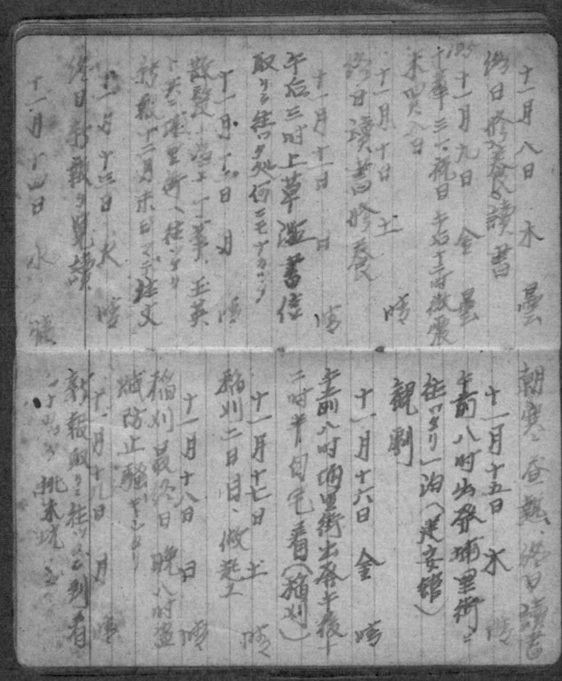
休養期間生活等紀錄（1945.11.8-11.19）

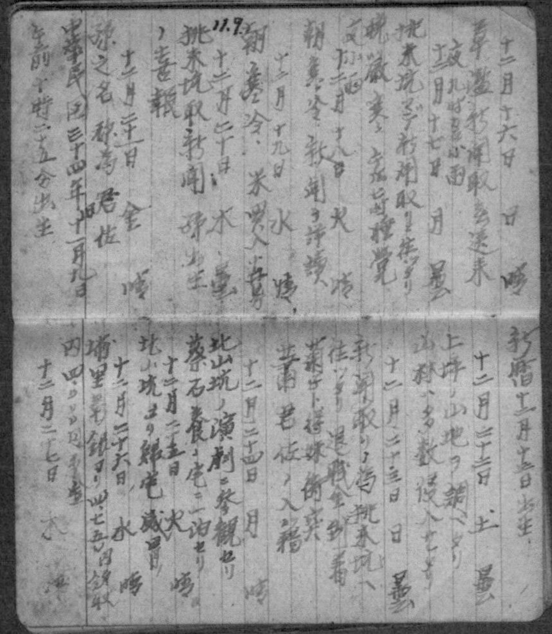
休養期間生活紀錄及孫子君佐出生等記載（1945.12.16-12.27）

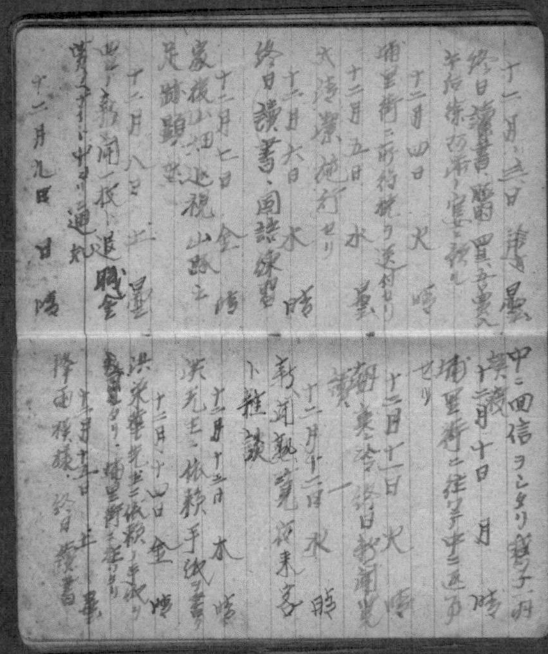
休養期間生活等紀錄（1945.12.3-12.15）

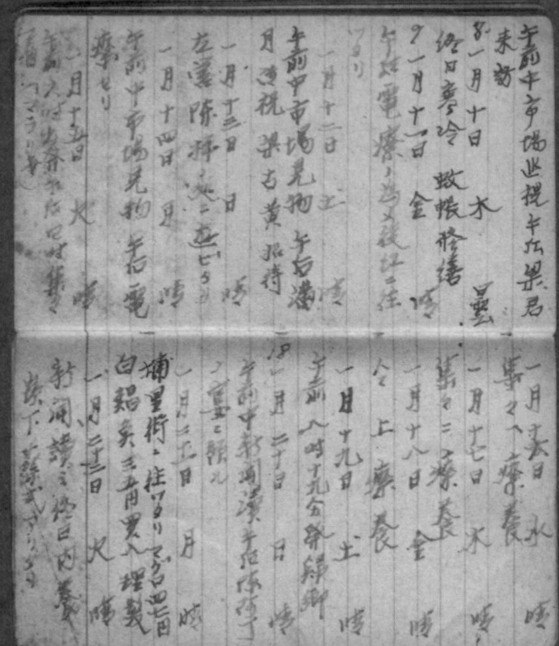

休養期間生活等紀錄（1945.1.10-1.22）

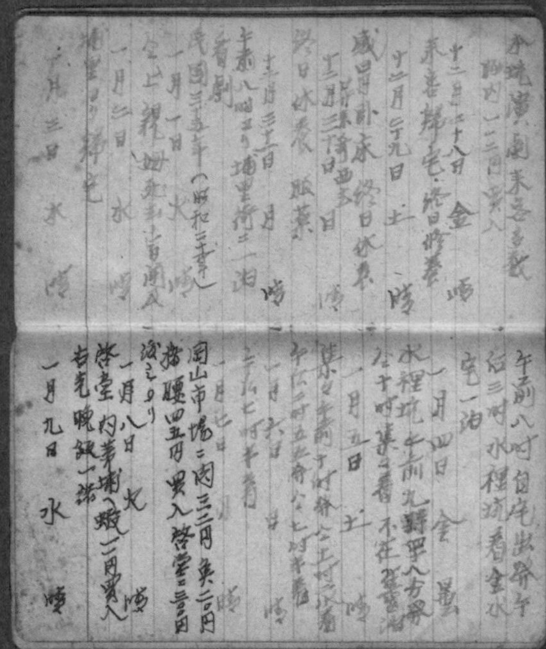

休養期間生活等紀錄（1945.12.28-1946.1.9）

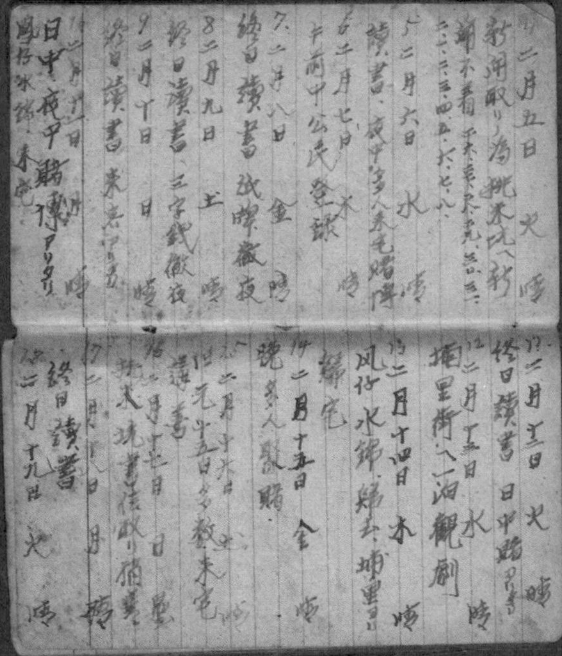

休養期間生活等紀錄（1946.2.5-2.19）

休養期間生活等紀錄（1946.1.23-2.4）

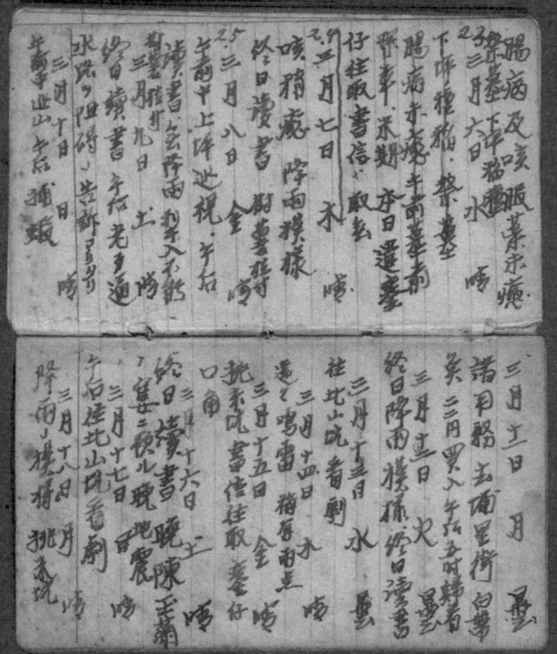

休養期間生活紀錄及與洪榮華書信往來等記載（1946.3.6-3.18）

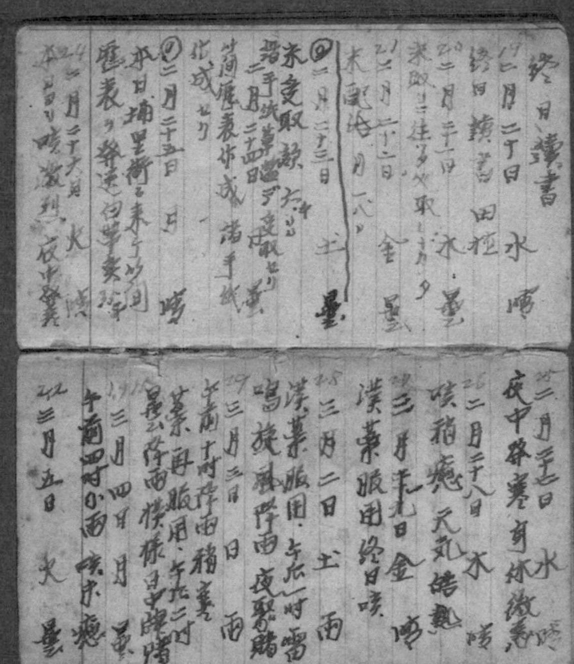

休養期間生活紀錄及簡歷表等記載（1946.2.20-3.5）

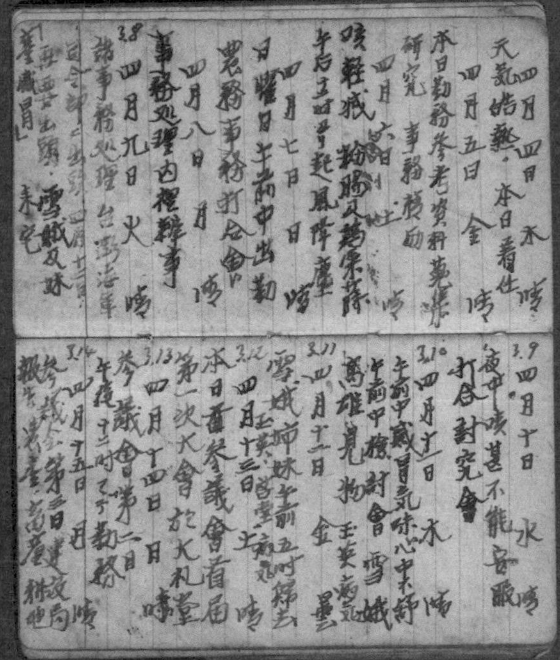

建設局事項報告及參與市參議會首屆大會等紀錄（1946.4.4-4.15）

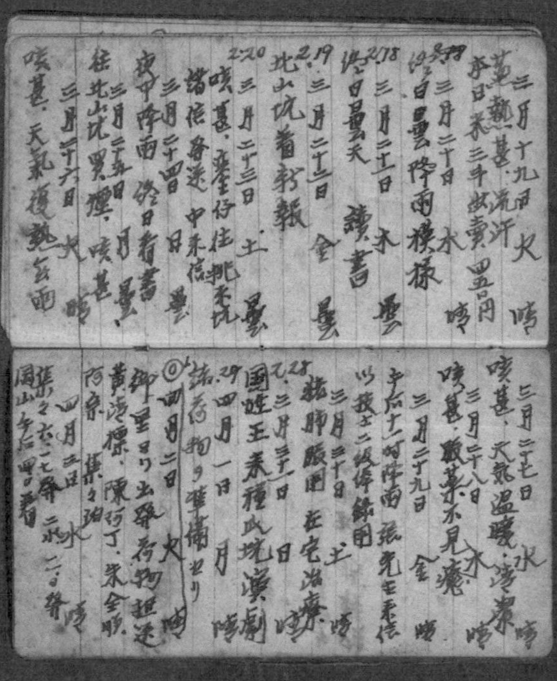

經舉薦獲錄用建設局技士二級俸等記載（1946.3.19-4.3）

水利，森林保存，森林管理，
產業道路等有質問
3.15 四月十六日 火 晴
參議會第四日、鄭、蕭二參議員對市長衛與事件
午后三时三十五分二議員對事件大报面前要对市極力援助
不可誤解之事宣言滿場拍彩
解決
3.16 四月十七日 水 晴
參議會最終日
四勤、議設會
3.17 四月十八日 木 晴
北區、鳳凰 午后、内文理來宅、古先外三人來宅
3.18 四月十九日 金 晴
午后二时八來真、原合作社打合、文理歸宅
清子誕日

四月二十日 土 晴
清子鳳邪、事務處理

四月二十一日 日 晴
午前中出勤、午后休
半身寫真 交 救濟文

丙 鼠 甲 壬 庚 戊 丙 子
丁 牛 乙 癸 辛 己 丁 丑
戊 虎 丙 甲 壬 庚 戊 寅
己巳 丁乙 卯 兔
庚 龍 戊 丙 甲 壬 庚 辰
辛 蛇 己 丁 乙 癸 辛 巳
壬 馬 庚 戊 丙 甲 壬 午
癸 羊 辛 己 丁 乙 癸 未
甲 猴 壬 庚 戊 丙 甲 申
乙 鷄 癸 辛 己 丁 乙 酉
丙 犬 甲 壬 庚 戊 丙 戌
乙 猪 癸 辛 己 丁 乙 亥

任高雄市政府建設局技士二級俸工作事項等記載（1946.4.16-4.21）

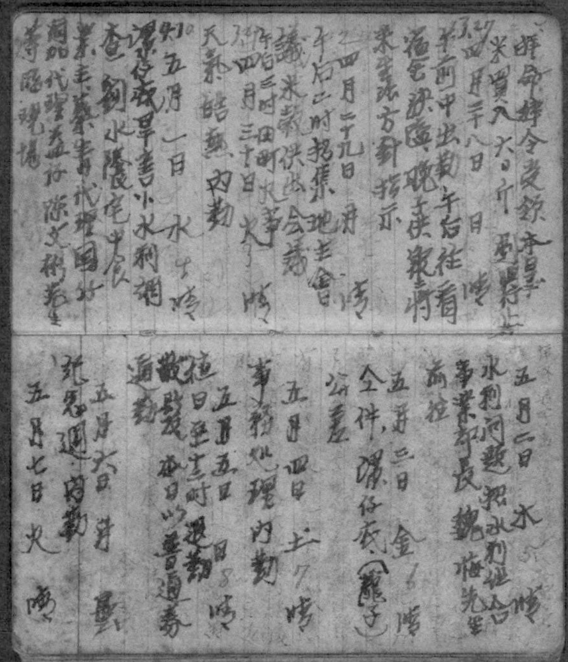

水利問題及相關事務處理等記載（1946.4.28-5.7）

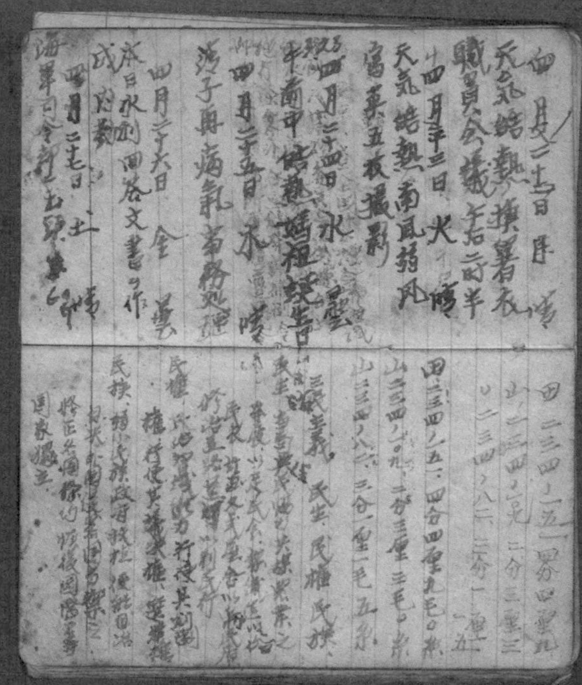

等待戰爭的平息。手記逐漸由日文文體改為三民主義之民生主義、民族主義、及民權主義的默背。（1946.4.22-4.27）

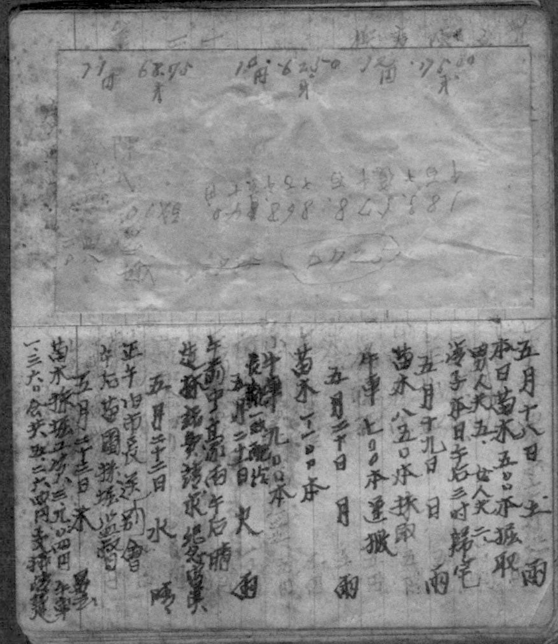

農務相關報告事項等記載（1946.5.18-5.23）

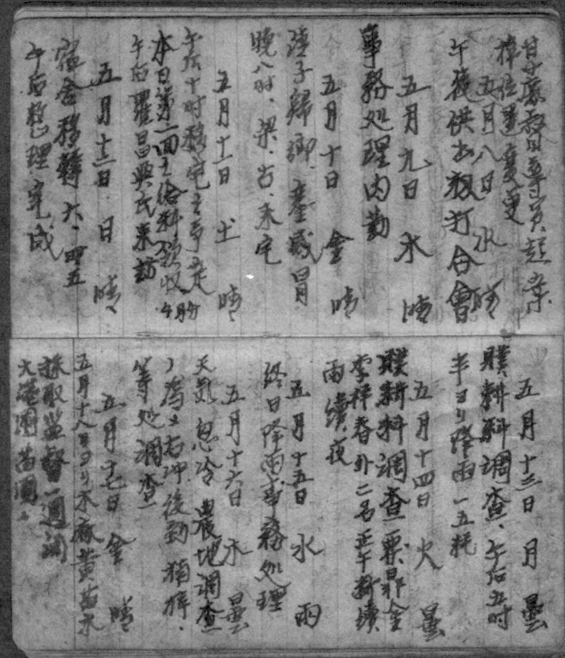

農地調查及相關事宜等記載（1946.5.8-5.18）

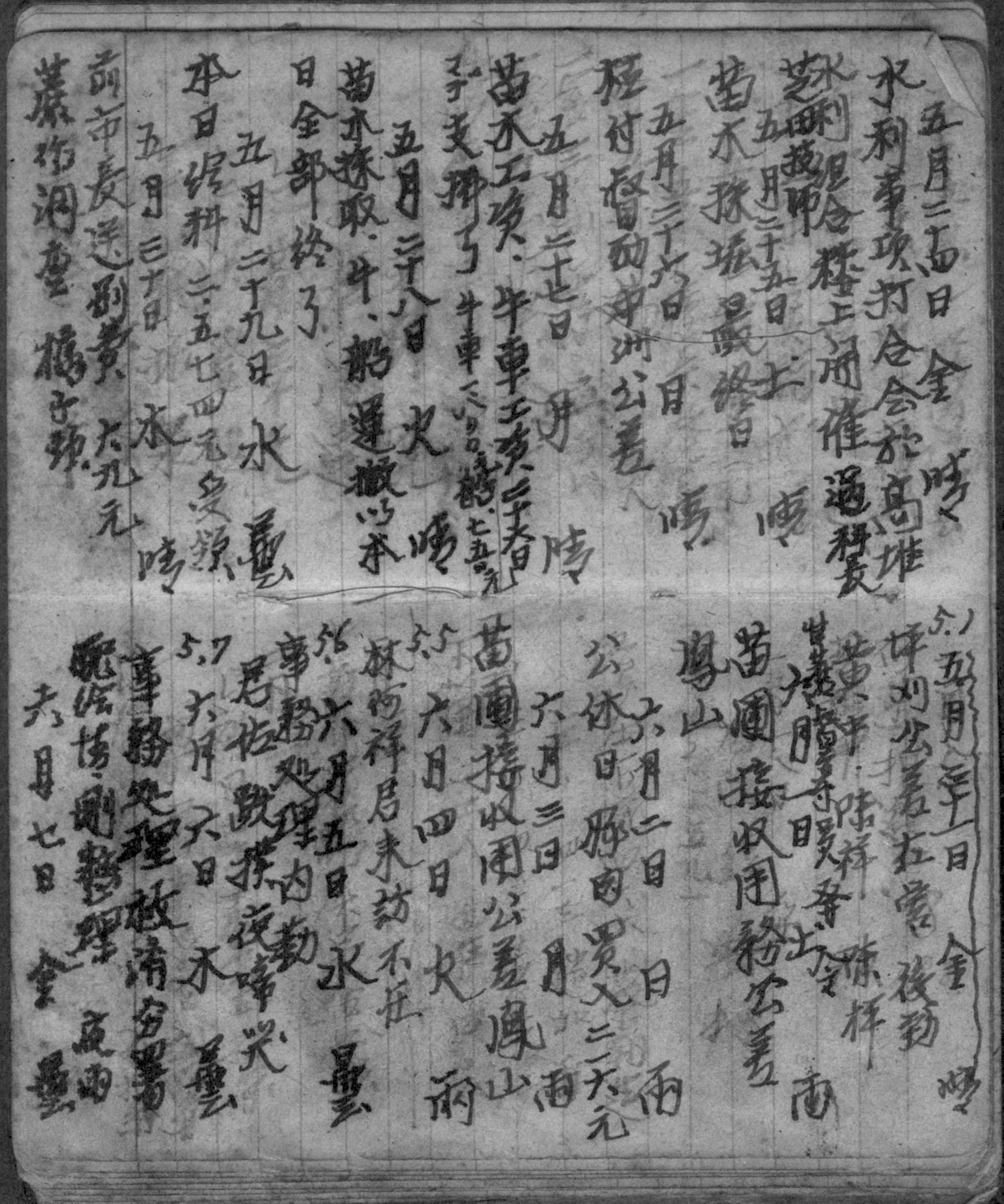

水利事項及農務處理事宜等記載（1946.5.24-6.7）

農作物原料及苗圃等紀錄

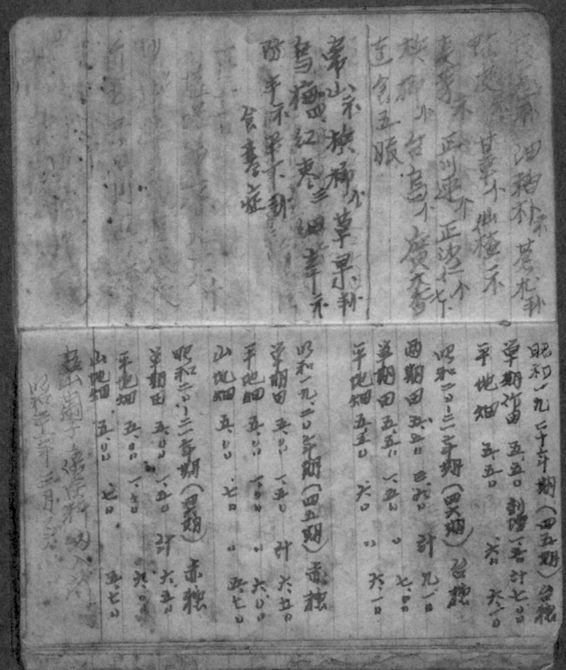

昭和19-21年間每期田地總計等紀錄

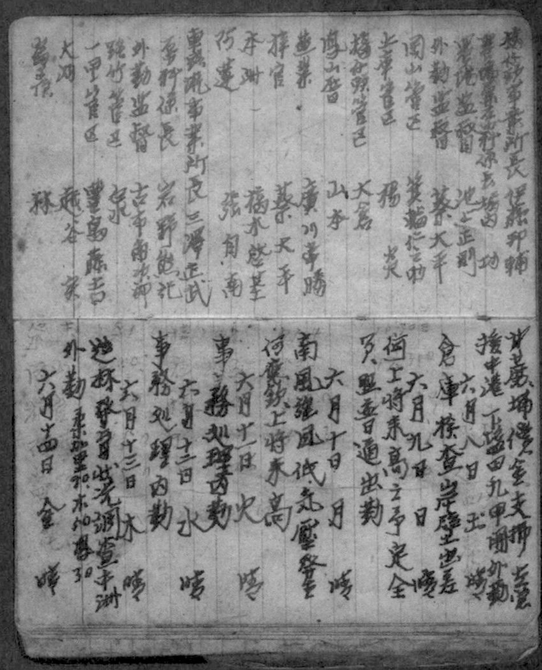

各區事業所長及各項事務處理等記載（1946.6.8-6.14）

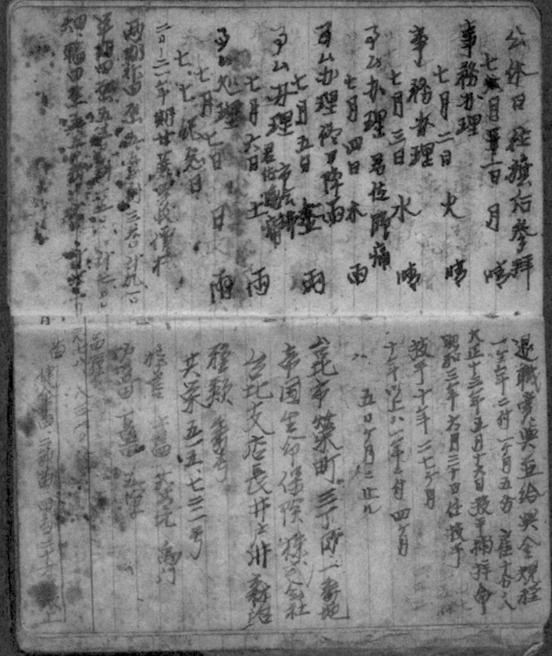

事務管理及苗圃品種等紀錄（1946.7.1-7.7）

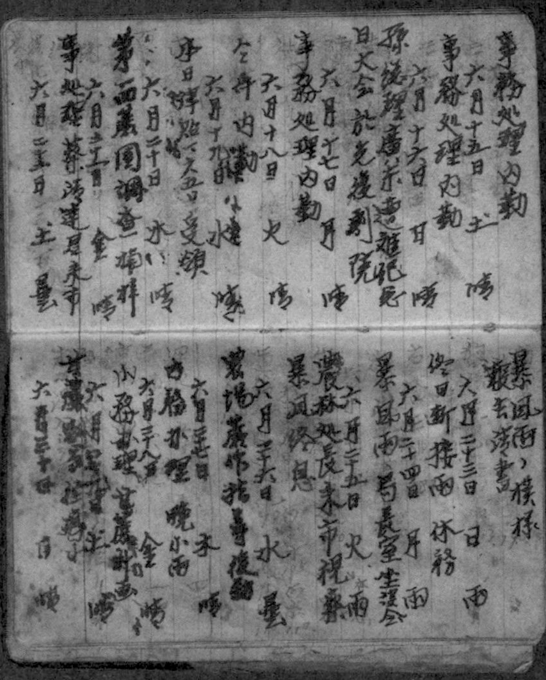

內勤事務處理相關事宜等記載（1946.6.15-6.30）

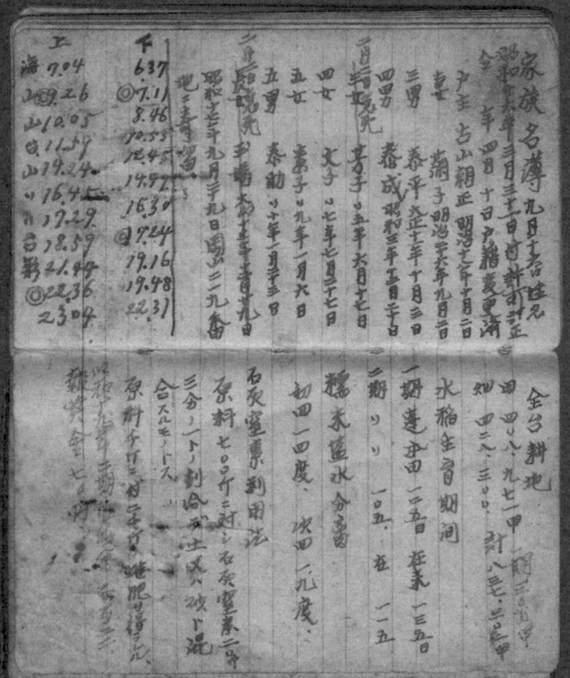

全臺農作物耕地及家族名簿等紀錄（1946.9.16.）

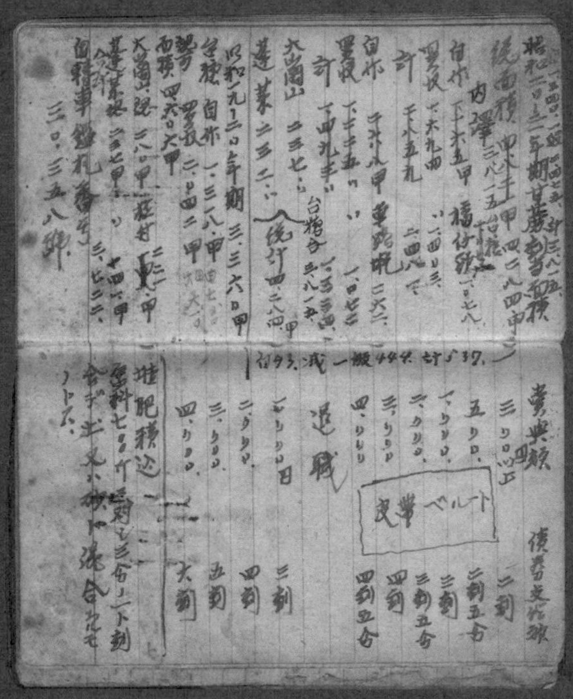

農地種植總面積及堆肥原料等紀錄

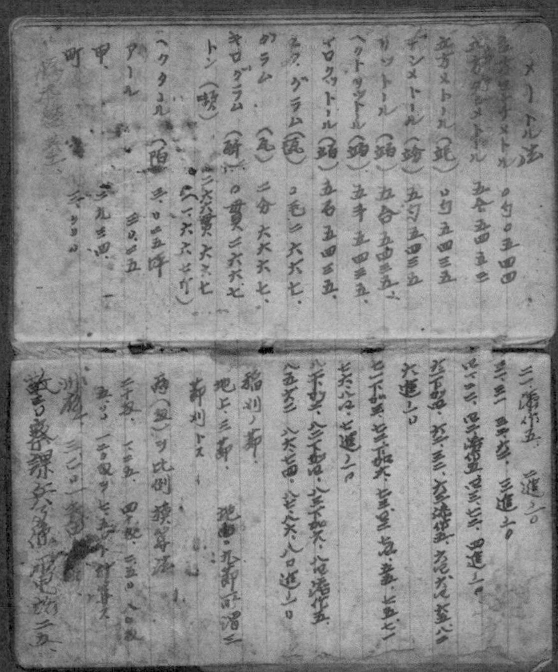

農地比例換算度量方法之相關紀錄

參考書目

中文專書

班尼特・安德森（Benedict Anderson）著，吳叡人譯，《想像的共同體》，台北：時報出版，二〇一〇。

薩義德著，李琨譯，《文化與帝國主義》，三聯書店，二〇〇三年。

巴特・莫爾-吉伯特著，陳仲丹譯：《後殖民理論——語境實踐政治》，南京：南京大學出版社，二〇〇一年。

六十七著，《番社采風圖考》，南投：台灣省文獻委員會，一九九六年。

小泉鐵著，《蕃鄉風物記》，東京：建設社，一九三二年。

王岳川著，《後殖民主義與新歷史主義文論》，山東教育出版社，一九九九年。

王雅倫著，《法國珍藏早期台灣影像》，台北：雄獅圖書公司，一九九九年。

宋國誠著，《後殖民論述：從法農到薩依德》，台北：擎松圖書，二〇〇三年。

呂紹理著，《水螺響起——日治時期台灣社會的生活作息》，台北：遠流出版公司，一九九八年。

汪大淵著，汪前進譯注，《島夷志略》，沈陽：遼寧教育出版社，一九九六年。

郁永河著，許俊雅校譯，《裨海紀遊校譯》，台北：國立編譯館，二〇〇九年。

郁永河著，郭侑欣選注，《郁永河集》，台南：國立台灣文學館，二〇一二年。

村上直次郎日本譯注，郭輝譯，《巴達維亞城日記》，南投：台灣省文獻委員會，一九七〇年。

伊能嘉矩著，《臺灣文化志》，東京：刀江書房，一九二八年初版，南投：台灣省文獻委員會，一九九一年中譯本初版。
金關丈夫等著，《臺灣文化論叢》第一輯，臺北：清水書店，一九四三年初版，台北：南天書局，一九九五年再版。
佐倉孫三著，《臺風雜記》，東京：國光社，一九〇三年初版，南投：台灣省文獻委員會，一九九六再版。
陳第著，《東番記》，台北：台灣銀行經濟研究室，一九五九年。
黃叔璥著，《臺海使槎錄》，南投：台灣省文獻委員會，一九九六年。
程玉鳳著，《「台糖沈鎮南案」研究》，台北：文津出版社，二〇一四年。
丁崑健總撰，《續修岡山鎮志》，高雄，高雄縣岡山鎮公所，二〇一〇年。
吳密察／監修，《台灣史小事典》，台北，遠流出版社，二〇〇〇年。
洪敏麟編著，《臺灣舊地名之沿革》第二冊下，南投，臺灣省文獻委員會，一九八〇年。
柯志明，《米糖相剋：日本殖民主義下台灣的發展與從屬》，台北，二〇〇三年。
黃富三，《國立臺灣大學農業試驗場場誌》，台北，國立臺灣大學生物資源暨農學院附設農業試驗場，二〇〇八年。
葉榮鐘著，葉芸芸補述，《日據下臺灣大事年表》，台中，晨星出版社，二〇〇〇年。
鄭世楠、葉永田、徐明同、辛在勤，《臺灣十大災害地震圖集》，台北，中央氣象局與中央研究院地球科學研究所，一九九七年。
劉鳳翰，《日軍在台灣：一八九五年至一九四五年的軍事措施與主要活動》上、下冊，台北，國史館，一九九七年。
羅美娥編，《臺灣地名辭書》卷十《南投縣》，南投，臺灣省文獻委員會，二〇〇一年。
鄭世楠、葉永田、徐明同、辛在勤著，《台灣十大災害地震圖集》，台北，交通部中央氣象局，一九九九年。
《台灣糖業公司，台糖六十週年慶紀念專刊——台灣糖業之演進與再生》，台南：台灣糖業股份有限公司，二〇〇六年。
班雅明，林志明譯，《說故事的人》，台北：台灣攝影工作室，一九九八年。
班雅明，陳永國譯，《德國悲劇的起源》，北京：文化藝術出版社，二〇〇一年。
廖炳惠編著，《關鍵詞200：文學與批評研究的通用辭彙編》，台北：麥田出版，二〇〇三年。
楊雲萍著，葉石濤、鍾肇政主編，〈黃昏的蔗園〉，《一桿秤子》，台北：遠景出版社，一九九七年。
龍瑛宗著，許俊雅編，〈植有木瓜樹的小鎮〉，《日治時期台灣小說選讀》，台北：萬卷樓出版社，二〇〇三年初版，二〇一三年初版四刷。
矢內原忠雄著，林明德譯，《日本帝國主義下的台灣》，台北：吳氏圖書，二〇〇四年。
愛德華・W・蘇賈（Edward W・Soja）著；王文斌譯：《後現代地理學（重申批判社會理論中的空間）》，北京：商務印書館，二〇〇四年六月，第一版。
「影像資料庫：麻豆總爺糖廠資料」，南瀛研究資料館，「南瀛國際人文社會科學研究中心」。

日文專書

台灣總督府官房調查課，《施政四十年の台湾》，臺北，臺灣總督府內臺灣時報發行所，一九三五年。
臺灣總督府高等農林學校，《臺灣總督府臺北高等農林學校一覽（自大正十四年至大正十五年）》，臺北，臺灣總督府高等農林學校發行，一九二五年。

臺灣總督府高等農林學校，《臺灣總督府臺北高等農林學校一覽（自昭和二年至昭和三年）》，臺北，臺灣總督府高等農林學校發行，一九二七年。
臺灣總督府農事試驗場，《臺灣總督府農事試驗場一覽》，臺北，臺灣總督府農事試驗場發行，一九〇五年。
臺灣總督府農事試驗場，《臺灣總督府農事試驗場案內》，臺北，臺灣總督府農事試驗場發行，一九〇八年。
臺灣總督府農事試驗場，《臺灣總督府農事試驗場創立十年紀念》，臺北，臺灣農友會發行，一九一三年。
臺灣總督府農事試驗場，《農事試驗場要覽》，臺北，臺灣總督府農事試驗場發行，一九一六年。
臺灣總督府殖產局農事試驗場，《臺灣總督府農事試驗場特別報告（第十四，十六號）》，臺北，臺灣總督府殖產局農事試驗場發行，一九一七年。
臺灣總督府著，《日治時期臺灣公學校與國民學校國語讀本》，一九四二年初版，台北：南天書局，二〇〇三再版。
《始政四十周年記念台灣博覽會寫真帖》，台北：台灣博覽會事務局，一九三七初版，東京都：国書刊行会，二〇一二年再版。

文獻論文

吳文星，〈札幌農學校與臺灣近代農學的展開：以臺灣總督府農事試驗場為中心〉，二〇〇三，中央研究院臺灣史研究所籌備處主辦「慶祝王世慶先生七五華誕臺灣社會經濟史國際學術研討」會論文。

行政院客家委員會獎助客家學術研究計畫：「客家人的名字與命名——以桃園縣新屋鄉為例」，研究主持人：李廣均助理教授（國立中央大學），中華民國九十三年十二月二十日。

學位論文

邱正略，〈日治時期埔里的殖民統治與地方發展〉，國立暨南國際大學歷史學系學位論文／博士（二〇〇八年）。

李力庸，〈日治時期臺中地區的農會與米作（一九〇二—一九四五）〉，國立政治大學歷史學系學位論文／博士（二〇〇〇年）。

戴寶村，〈近代臺灣港口市鎮之發展——清末至日據時期〉，國立臺灣師範大學歷史研究所學位論文／博士（一九八八年）。

徐兆霖，〈高雄縣市合併改制對地方派系的影響〉，國立政治大學國家發展研究所學位論文／碩士（二〇一一年）。

黃俊銘，〈近代日本農場試驗與稉稻在台開展之研究〉，國立中央大學歷史研究所學位論文／碩士（二〇一〇年）。

江佩津，〈日治時代台灣的農業教育〉，國立中央大學歷史研究所學位論文／碩士（一九九六年）。

張麗芬，〈日本統治下的臺灣樟腦業（一八九五—一九一九）〉，國立成功大學歷史語言研究所學位論文／碩士，（一九九五年）。

張志明，〈日治時期農業統制下的臺灣米穀政策研究（一九三三—一九四五）〉，國立政治大學日本語文學系學位論文／碩士，（一九九五年）。
李淑芬，〈日本南進政策下的高雄建設〉，國立成功大學歷史語言研究所學位論文／碩士，（一九九五年）。
曾蕙斐，〈日據高雄築港對高雄地區之影響——以人口與產業為中心〉，國立臺灣大學歷史研究所學位論文／碩士，（一九八九年）。
王慧瑜著，〈日治時期臺北地區日本人的物質生活（一八九五—一九三七）〉，國立臺灣師範大學台灣史研究所碩士論文，（二〇〇八年）。
莊天賜著，〈臨時臺灣糖務局與臺灣新製糖業之發展（一九〇二—一九一一）〉，國立台灣師範大學歷史學系博士論文，（二〇一〇年）。
陳玟瑾，〈日據初期臺灣糖業與交通運輸關係探究（一八九六—一九一八年）〉，國立成功大學歷史語言研究所學位論文／碩士，二〇〇〇年。

期刊

《臺灣日日新報》，昭和二年六月十二日，夕刊第二版。
李力庸，〈日本帝國殖民地的戰時糧食統制體制：臺灣與朝鮮的比較研究（一九三七—一九四五）〉，《臺灣史研究》，二〇〇九年，第十六卷第二期，頁67-108。
張靜宜，〈「鋤頭戰士」之南進——日治後期臺灣農業人才之輸出〉，《高苑學報》第十三卷，二〇〇七年七月，頁387-410。
張靜宜，〈台灣總督府農業試驗所之研究——以「戰爭協力」為中心〉，《人文集刊》第五期，二〇〇七年七月，頁161-201。

許雪姬，〈皇民奉公會的研究——以林獻堂的參與為例〉，《中央研究院近代史研究所集刊》，一九九九年，第三十一期，頁167-211。

許雪姬，〈高雄二二八事件真相再探〉，高雄市文獻委員會主編，《紀念二二八事件六十週年學術討論會論文集》，二〇〇七年，第171-214頁。

吳文星，〈日據時期臺灣的高等教育〉，《中國歷史學會史學集刊》，一九九三年九月，二十五期，頁143-157。

吳文星，〈日據時期台灣教育史料及其研究之評介〉，《台灣史田野研究通訊》，一九九三年三月，第二十六期。

吳文星，〈日據初期（一八九五—一九一〇）西人的台灣觀〉，《台灣風物》，一九九〇年三月，第四十卷第一期。

吳文星，〈新渡戶稻造與日本治台之宣傳〉，《日據時期台灣史國際學術研討會論文集》，一九九三年，台北，台灣大學歷史系。

吳文星，〈日據時期台灣的教育與社會流動〉，《台灣歷史與文化》（五），二〇〇〇年十一月，台中市，東海大學通識教育中心，。

〈臺灣總督府報〉，明治三十七年（一九〇四）七月七日。

〈臺灣總督府報〉，明治四十年（一九〇七）三月二十九日。

古慧雯、吳聰敏，〈論「米糖相剋」〉，《經濟論文叢刊》，一九九六年，24(2)，頁173-204，台大經濟學系出版。

檢索網站

二二八國家紀念館。museum.228.org.tw/

中研院〈台灣歷史文化地圖〉網站。http://thcts.ascc.net/

台灣大百科全書。taiwanpedia.culture.tw/

維基百科。zh.wikipedia.org/zh-tw/維基百科

國史館台灣文獻館。http://ds2.th.gov.tw/ds3/

國家文化資料庫。http://nrch.cca.gov.tw/ccahome/

數位南投。http://nt.tnn.tw/

哈瑪星社區網站。http://hamasen.tacocity.com.tw/intro/history.html

「續修岡山鎮志」。http://www.gsto.gov.tw/Gangshan_history/Gangshan_history_14.pdf

〈台灣日日新報〉電子資料庫http://140.133.6.14/twnews_im/index.html

臺灣總督府報資料庫http://db2.lib.nccu.edu.tw/view/loginAction.php

臺灣總督府職員錄系統http://who.ith.sinica.edu.tw/mpView.action

中央研究院台灣史研究所檔案館http://archives.ith.sinica.edu.tw/index.php?page=1

地圖與遙測影像數位典藏計畫http://gis.rchss.sinica.edu.tw/mapdap/?p=4074&lang=en

蕭氏族譜 http://www.xiao.idv.tw/docs/xiao_in_taiwan.htm

台灣製糖工廠百年文史地圖 http://map.net.tw/taisugar/

台糖通訊 http://www.taisugar.com.tw/Monthly/index.aspx

財政部財政史料陳列室http://museum.mof.gov.tw/ct.asp?xItem=3682&ctNode=33&mp=1

高雄市文化局文化資產http://heritage.khcc.gov.tw/index.aspx

國家圖書館出版品預行編目（CIP）資料

尋找蕭水妹 / 蕭伊伶著. -- 初版. -- 高雄市 : 高市史博館 ;
臺中市 : 晨星, 2017.12　面；　公分
ISBN 978-986-05-4138-0(平裝)
1.蕭水妹 2.臺灣傳記 3.二二八事件

783.3886　　106021578

尋找蕭水妹

高雄文史采風編輯委員會
召集人　吳密察
委員　李文環、陳計堯、楊仙妃、劉靜貞、謝貴文（依姓氏筆劃）

作者　蕭伊伶
發行人　楊仙妃
策劃督導　曾宏民
策劃執行　王興安、莊建華

出版發行　行政法人高雄市立歷史博物館
地址　803 高雄市鹽埕區中正四路 272 號
電話　07-531-2560
傳真　07-531-5861
網址　http://www.khm.org.tw

共同出版　晨星出版有限公司
地址　407 台中市工業區 30 路 1 號
電話　04-2359-5820
傳真　04-2355-0581
網址　http://www.morningstar.com.tw
郵政劃撥　22326758（晨星出版有限公司）
法律顧問　陳思成律師
登記證　新聞局版台業字第 2500 號

主編　徐惠雅
執行編輯　胡文青
插畫　王顧明
校對　蕭伊伶、陳育茹、沈詠潔
美術編輯　陳正桓
封面設計　陳正桓

出版日期　2017 年 12 月初版一刷
定價　新台幣 380 元整

ISBN：978-986-05-4138-0（平裝）
GPN：1010602212

Printed in Taiwan

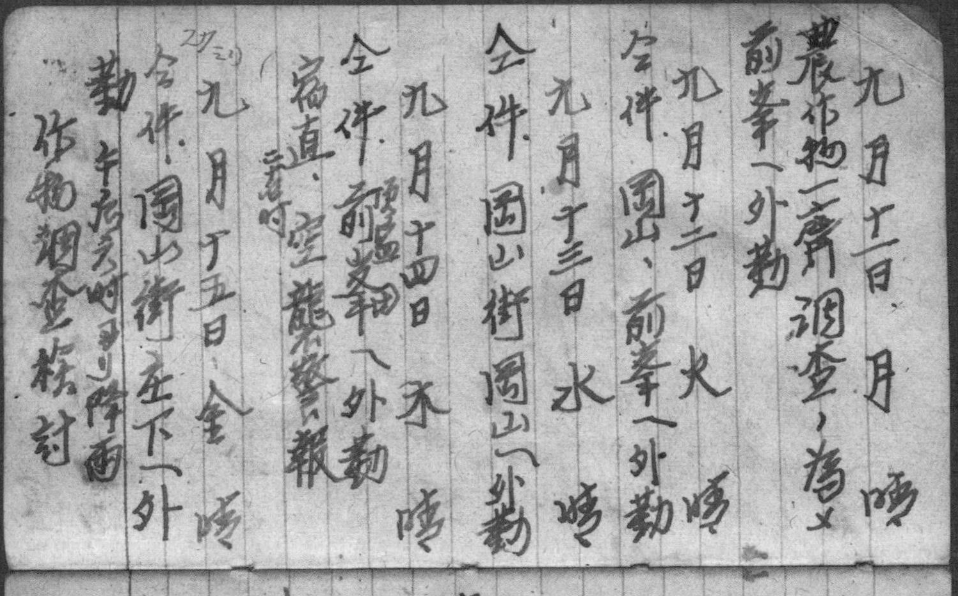

九月十一日　月　晴
農作物ノ齊調査ノ爲メ
前峯ヘ外勤

九月十二日　火　晴
仝件　園山、前峯ヘ外勤

九月十三日　水　晴
仝件　園山街園山ヘ外勤

九月十四日　木　晴
仝件　前峯塩田ヘ外勤
宿直　空襲警報
零時

九月十五日　金　晴
仝件　園山街庄下ヘ外勤　午后六時ヨリ降雨
作物調査検討

九月十六日　土　晴
仝件　園山街園山ヘ外勤

九月十七日　日　晴
仝件　園山街園山外勤
打合ス事項ヲ準備
參成庄率ヲ達定

九月十八日　月　晴
農事打合ノ爲メ諸準備
內勤

九月十九日　火　晴
甘蔗減反打合會　午前
中內勤　午后外勤

九月二十日　水　晴
甘蔗共同耕作園在村
指導ノ爲番社ヘ外勤

作業指導與外勤狀況等記載（1944.9.11-9.20）

九月二十一日 木 晴
共同作業指導ノ為メ
阿蓮庄下へ外勤
男十五、女人夫三ノ出役

九月二十二日 金 晴
甘藷、甘蔗講話會開催
ノ為内勤
月原技師、福島技手

九月二十三日 土 晴
秋季皇霊祭
華英ニ往ッタ処良好ナリ
午后十二時警戒警報
午后一時ヨリ雨 午后八時解除

九月二十四日 日 雨
終日降雨セリ 低氣壓發
生 南風強風
午后十二時半空襲警報解除

九月二十五日 月 晴
甘藷栽培督励ノ為メ
阿蓮庄下へ外勤
一般 三〇人

九月二十六日 火 晴
仝件阿蓮庄下へ外勤
出役 児童一五〇、一般三〇

九月二十七日 水 晴
仝件阿蓮庄下へ外勤

九月二十八日 木 曇
甘蔗共同耕作園指導
ノ為メ湖内庄下へ外勤
崇平缶 大湖

九月二十九日 金 晴
仝件路竹庄下へ外勤
三爺埤 鴨母寮 赤崁村

作業指導與外勤狀況等記載（1944.9.21-9.29）